CliffsNotes™

햄릿

Hamlet

윌리엄 셰익스피어

다락원 WILEY
Publishers Since 1807

세계의 교양을 읽는다

고전을 왜 읽는가?

인간의 삶과 세상에 대한 영원한 물음이 있기 때문이다. 시대와 사상을 뛰어넘어 지금 여기 우리에게 필요한 물음이 없는 고전은 더이상 고전이 아니다. 인간과 삶에 대한 근원적인 물음 없이 고전을 읽는다면 자신과 인간에 대한 성찰과 지혜로 이어지지 않는다. 논술 시험 때문에, 과제물 때문에, 아니면 남들이 읽으니까, 나도 읽는다는 식이라면 그 책은 죽은 책일 수밖에 없다.

고전을 살아 있는 책으로 만드는 이 '물음!'에 답하기 위해서는 좋은 길잡이가 필요하다. 40년 이상 미국의 고교생과 대학 주니어들이 시험, 에세이 작성, 심층토론 준비를 위해 바이블처럼 애용해온 'CliffsNotes' 와 'SPARKNOTES'는 바로 그런 좋은 길잡이의 표본이다. 이 두 시리즈가 원조 논술연구모임인 '일이관지(一以貫之)' 팀의 촌철살인적 해설을 곁들여 〈다락원 명작노트〉로 재탄생해 논술로 고민중인 대한민국 학생 여러분을 찾아간다.

CliffsNotes와 SPARKNOTES의 가장 큰 장점은 방대하고 난해한 고전을 Chapter별로 요약하고 분석해서 원전의 내용에 보다 쉽고 체계적으로 접근하는 신속·간편성이라고 할 수 있다. 여기에 '一以貫之'팀이 원전의 중요한 문제의식, 즉 근원적 '물음'은 무엇이며, 그 '물음'은 오늘날에도 여전히 유효한가, 라는 질문을 다시 던진다.

대입논술로 고민하고, 자칭 타칭의 고전이 넘쳐나는 오늘의 독서풍토에서 지적 정복이 긴박한 대한민국 학생들에게 감히 이 시리즈를 자신 있게 권한다.

一以貫之 논술연구모임 연구실장 이호곤

차례

○ **작가** 노트 7

○ **작품** 노트 11

○ **Scene별 정리** 노트 31

1막 1장　햄릿 왕의 유령이	1막 2장　용의주도한 클로디어스
1막 3장　오필리아, 햄릿 왕자를 멀리 하다	1막 4장　햄릿, 아버지 유령을 만나다
1막 5장　아들아, 내 복수를 부탁한다	2막 1장　햄릿 왕자님이 실성을
2막 2장　연극	3막 1장　사느냐 죽느냐 그것이 문제로다
3막 2장　아버지 유령의 말이 사실로	3막 3장　클로디어스를 없앨 절호의 기회가
3막 4장　폴로니어스를 죽이다	4막 1장　햄릿을 추방할 절호의 기회가
4막 2장　친구들을 경멸하는 햄릿	4막 3장　폴로니어스의 시체는 어디에
4막 4장　햄릿, 영국으로	4막 5장　레어티스의 분노
4막 6장　햄릿의 편지	4막 7장　음모
5막 1장　오필리아의 매장지에서	5막 2장　숨을 거두다

○ **인물 분석** 노트 135

○ **마무리** 노트 151

연재물 형식의 특별한 사례
아동과 19세기 영국

○ **Review** 163

○ 권말부록 **일이관지 논술** 노트 169

햄릿, 밀실과 광장의 경계에 서다 　|　 실전 연습문제

CliffsNotes와 SPARKNOTES는 방대한 원작을 보다 쉽게 이해할 수 있도록 돕는 안내서입니다. 원작 이해를 돕기 위해 작가와 작품에 대한 배경 지식, 그리고 매 장마다 간단한 '줄거리'와 '풀어보기'가 실려 있습니다. '줄거리'를 통해서는 원작의 내용을 명쾌하게 파악함으로써 독서의 즐거움을 느낄 수 있을 것입니다. '풀어보기'에는 원작에 담긴 문학적 경향, 등장인물의 심리상태, 시대상, 주제 등을 설명해 놓았습니다. 비판적 글읽기의 바탕이 되는 요소들이죠. 비판적 글읽기는 소설과 비소설 작품을 막론하고 책을 읽을 때 꼭 필요한 자질입니다.

그 밖에도 작품을 좀더 심오하게 분석할 수 있도록 '마무리 노트', 'Review' 등을 마련해 놓아 독자 여러분의 글읽기를 돕고 있습니다.

CliffsNotes에는 특히 관심을 갖고 읽어야 할 필수요소를 강조하기 위해 다음 네 가지 아이콘을 사용하고 있습니다.

 작품 속에 내재된 주제를 드러내줍니다.

 등장인물의 속내를 알 수 있도록 도와줍니다.

 배경, 분위기, 열정, 폭력, 풍자, 상징, 비극, 암시, 불가사의 등의 요소를 밝혀줍니다.

 단어와 문구의 미묘한 느낌을 감상할 수 있도록 해줍니다.

* 〈   〉는 장편소설, 중편소설, 논픽션, 시집. "   "는 수필집, 단편소설

◐ 일이관지(一以貫之) 논술노트

권말에는 一以貫之 논술팀에서 작성한 논술 노트가 실려 있습니다. 원작을 우리의 삶과 연계시켜 비판적 사고와 논리적 글쓰기의 방향을 제시합니다.

◐ 실전 연습문제

논술예제와 기출문제를 통해서는 원작을 바탕으로 출제 가능성이 높은 논점을 함께 숙고해 봅니다.

작가의 생애

작가의 생애

학자들은 인간 셰익스피어에 대해서는 아는 것이 별로 없다. 그러나 작가, 제작자, 배우, 연출자 셰익스피어가 사업적으로 성공을 거두었으며, 무엇이 좋은 연극이고 관객들의 환영을 받았는지 잘 알고 있었음을 뒷받침하는 증거들은 많다. 윌리엄 셰익스피어 William Shakespeare를 낳은 중류 계급은 당시 번창하면서 그로 하여금 흥행 감각을 이용해 재정적으로 성공할 수 있게끔 해주었다.

지주였던 셰익스피어의 아버지는 영국 심장부인 중부 지방의 교역중심지 스트랫퍼드어폰에이번의 길드 회원이었다. 그는 스무 번째 생일을 맞기 전에 공직에 들어섰고, 아들 윌리엄이 1592년 런던으로 떠나기 전에 시장으로 승진했다. 아버지가 생전에 거둔 업적 덕분에 그와 자손들은 1596년에 문장(紋章)을 가지게 되었다. 평민에서 지방 귀족의 지위로 오른 것이다. 윌리엄 셰익스피어는 이 문장의 상속자였다.

1564년에 태어난 윌리엄은 존과 메리 셰익스피어의 장남이다. 기록이 남아 있지는 않지만, 그는 지주 자제들을 위해 1543년에 창설된 에드워드 6세 그래머 스쿨*에 다녔던 것

---

* **그래머 스쿨**(grammar school): 16세기에 창설되어 라틴어 · 그리스어 문법을 가르치는 학교였으나 현재는 학력이 뛰어난 학생들의 대학진학을 준비시키는 중등학교.

이 틀림없다. 이 학교에서 라틴어, 그리스어, 히브리어, 프랑스어를 배웠고, 독일어도 약간 공부했을 것이다. 또 고전과 아리스토텔레스, 플라우투스*, 키케로** 등의 작품을 읽었을 것이며, 이탈리아의 시와 미술도 접했을 것이다.

1582년, 윌리엄 셰익스피어의 이름이 트리니티 교회의 결혼증명서에 나오는데, 이웃 도시 쇼터리의 지주 딸 앤 해서웨이와 결혼한 것으로 되어 있다. 두 사람은 7개월 후에 수잔나를 낳았다. 1585년의 출생증명서에는 셰익스피어가 쌍둥이 햄닛과 주디스의 아버지로 기재되어 있다. 이 문서는 그가 극단에 들어가기 위해 런던으로 떠나기 전 고향에서 살았던 삶의 마지막 기록이다. 셰익스피어는 1585년이나 1586년에 런던으로 간 것으로 추정되며, 그 후 7년 동안 그의 이름은 어떤 기록에도 나타나지 않는다.

1592년, 셰익스피어와 동시대에 살았던 한 평론가가 어떤 연극을 혹평하면서 윌리엄 셰익스피어를 장래성이 없어 보이는 연기자로 언급하고 있다. 그러나 그 후 그에 대한 평은 점점 긍정적으로 변했고, 연기보다는 글에 대한 평이 많아진다. 1595년경, 셰익스피어는 런던 연극계에서 상당한 인정을 받아 극단 '체임벌린 경의 극단'의 주주가 되기에 이른다.

---

* **플라우투스**(Plautus. 254?-184 B.C.): 로마의 희극 작가.

** **키케로**(Cicero. 106-43 B.C.): 로마의 정치가 · 철학자.

셰익스피어의 아버지가 귀족 지위를 획득한 해인 1596
년, 외아들 햄닛이 죽었다. 이듬해 그는 스트랫퍼드로 돌아와
서 가장 큰 저택인 뉴플레이스를 샀고, 다시 런던으로 돌아가
서는 1599년 뱅크사이드에서 문을 연 글로브 극장의 설계와
건축에 참여했다.

셰익스피어의 명성과 성공은 해가 갈수록 커졌다. 1601
년, 아버지가 세상을 떠난 후, 그는 현재 '(셰익스피어) 생가'
로 알려져 있는 집을 상속받았다. 그는 또 건축가이자 무대 디
자이너인 이니고 존스가 설계하고 건축한 최초의 실내 극장
가운데 하나인 블랙프라이어스의 설립을 후원하는 일원이 되
었다. 1603년, 영국 왕 제임스 1세가 '체임벌린 경의 극단'에
특허장을 주어, '임금님 극단'으로 개칭한다. 이 극단은 대략
1년에 12편의 연극을 궁정에서 공연했다. 1609년쯤에는 아예
블랙프라이어스 극장으로 이사했고, 그곳에서 연중 내내 공연
을 했다. 1610년, 셰익스피어는 런던에 큰 저택을 샀지만, 고
향에 영주하기 위해 스트랫퍼드로 돌아갔다.

1616년에 세상을 떠난 셰익스피어는 스트랫퍼드어폰
에이번에 있는 홀리 트리니티 교회에 안장되었다.

작품 노트

작품의 개요

줄거리

등장인물

등장인물 관계도

작품의 개요

세익스피어의 〈햄릿 *Hamlet*〉에 대한 최초 기록은 서적상 목록부에 1602년 7월 26일자로 〈덴마크 왕자 햄릿의 복수 *The Revenge of Hamlet Prince (of) Denmark*〉라는 희곡으로 나온다. 거기에는 그 희곡이 '체임벌린 경의 극단'에 의해 최근에 '공연되었다'고 쓰여 있다. 1598년에 발행된 런던 희곡 목록에서 〈햄릿〉이라는 희곡을 언급하지 않고 있지만, 스펫의 〈초서 *Chaucer*〉(1598) 개브리얼 하비 판의 주(註)에는 언급되어 있다. 그러나 학자들은 그 주가 쓰여진 연대에 의심을 품는다. 대다수 학자들은 세익스피어가 〈햄릿〉을 1601년 이후, 1603년 이전에 발표했다는 데 의견의 일치를 보이고 있다. 1623년에 나온 〈퍼스트 폴리오 *The First Folio*〉에서는 세익스피어의 희곡들을 희극, 역사극, 비극으로 분류하고 있다. 세익스피어는 〈로미오와 줄리엣 *Romeo and Juliet*〉을 제외한 (이 작품은 엄밀히 말해서 진정한 비극이 아니다.) 훌륭한 비극들을 1601년에서 1606년 사이에 집필했고, 그 중 〈햄릿〉을 가장 먼저 쓴 것으로 보인다. 〈햄릿〉을 쓴 후에는 곧이어 〈오셀로 *Othello*〉(1604), 〈리어 왕 *King Lear*〉(1605-6), 〈맥베스 *Macbeth*〉(1606)를 썼다. 여러 세익스피어 전문가들은 〈햄릿〉을 세익스피어의 최고작으로 꼽는다.

● **원문(原文)**

학자들은 1623년에 출판된 3개 판을 오늘날 〈햄릿〉의 근거로 삼는다. 그 중 2개 판은 작가가 생존했을 때 나온 것이고, 세 번째 판은 그가 세상을 떠난 지 7년 후에 발견된 것이다.

퍼스트 쿼토*는 읽기 어렵다. 이 판은 다음 판(퍼스트 폴리오)보다 240행이 더 많다. 이것은 실제로 무대에 올려진 대본을 처음 출판한 것이라는 데 가치가 있다.

퍼스트 쿼토의 글은 너무나 다듬어지지 않아, 전문가들은 오류가 많고 거칠게 쓰여진 이 판이 연기자들을 위한 대본이라고 본다. 배우들이 그 위에 표시를 하고 내용을 편집하도록 되어 있었다는 것이다.

〈햄릿〉의 세컨드 쿼토는 1604년에 발표되었는데, 보다 잘 다듬어진 대본을 기초로 삼았다. 셰익스피어 극단의 단원인 존 헤민지와 헨리 콘델이 세컨드 쿼토와 연출자의 최근 노트를 결합해서 퍼스트 폴리오를 편찬했다. 따라서 학자들은 세컨드 쿼토에 의거해서 현대판을 만들고 있다.

● **출전(出典)**

연극은 여러 사람의 합동작업으로 이루어지는 예술이다.

---

* **쿼토**(Quarto): 희곡을 넷으로 접은 종이(4절)에 인쇄했기 때문에 나온 말.

셰익스피어 시대에 레퍼터리 극단*은 희곡작가 한 명이 아무 것도 없는 상태에서 희곡을 써내는 것을 기대할 수 없었다. 매주 한 편의 희곡을 내놓아야 하는 실정이었으므로 여러 극작가들이 협력해서 작업을 할 수밖에 없는 것이다. 16세기 후반부터 17세기 초에 활동했던 극작가들은 소재를 자유로이 빌려주고 빌려오고 했으며, 비판과 편집도 공유했다. 〈햄릿〉은 분명히 셰익스피어의 작품이지만, 배우들, 연출자들 또한 기여한 바가 많다. 그들은 희곡의 어떤 부분을 빼고 어떤 부분은 남겨둬야 할지를 알고 있었다.

그리스인들과 마찬가지로, 엘리자베스 여왕(1558-1603)과 제임스 1세(1603-25) 시대의 관객들은 자주 보아온 연극, 또는 그들의 가족사만큼이나 익숙한 이야기에 기초한 연극을 보러 극장에 갔다. 따라서 〈햄릿〉은 이런저런 형태로 최소한 100년 동안 존재해 왔고 유럽 전역의 배우들이 1550년대부터 공연해 온 인기 있는 스칸디나비아의 전설을 기초로 해서 쓰여졌다.

1594년 6월 9일 '체임벌린 경의 극단'이 공연한 초기 복수극 〈햄릿〉의 연출자는 헨스로였다. 학자들은 대개 이 〈햄릿〉을 〈원(原) 햄릿 *Ur-Hamlet*〉이라고 부르고, 그 작가를 셰

---

* **레퍼터리 극단**(repertory company): 여러 가지 극을 단기 흥행케 하는 레퍼토리 극장 전속의 극단.

익스피어의 동시대인이었던 토머스 키드로 보고 있다. 〈원 햄릿〉의 내용이나 키드가 원작자라는 구체적인 증거는 존재하지 않지만, 〈햄릿〉의 줄거리는 키드의 걸작 〈스페인의 비극 The Spanish Tragedy〉과 흡사하다. 많은 학자들은 〈스페인의 비극〉을 〈원 햄릿〉의 완성판이라고 믿고 있다.

키드와 셰익스피어 둘 다 노르웨이의 전설·신화 선집인 〈덴마크 이야기 Historia Danica〉를 읽었을 것이다. 이 책은 1570년 벨포레스트가 프랑스어로 번역해서 유포시켰다. 토머스 패비어는 1608년 벨포레스트 판 〈햄릿〉을 〈햄블릿 이야기 The Hystorie of Hamblet〉라는 제목으로 영어로 번역했다.

벨포레스트가 다시 써서 전한 이 옛이야기(덴마크나 영국에 기독교가 유입되기 전에 일어난 사건을 다룬다.)에서, 백성들은 햄릿 왕이 살해된 사실을 알고 있다. 새로운 왕은 왕비를 구하려다가 햄릿 왕을 죽였다고 주장한다. 햄릿 왕자는 자기 앞가림만 하는 것처럼 가장한다. 그는 진실을 찬양하지만, 복수심에 눈이 멀어 끔찍한 잔인성을 드러낸다. 이 판에서 햄릿은 영국으로 가서 영국 왕의 딸인 아내와 함께 1년간 머문다. 햄릿 왕자가 죽었다는 소식이 덴마크 왕에게 전해지자 그것을 축하하기 위해 파티를 연다. 그러나 파티가 한창일 때 햄릿이 나타난다. 햄릿은 즉각적으로 행동에 나선다. 그는 술에 취한 궁정을 덮치고 그 자리에서 왕을 죽인다.

셰익스피어가 〈햄릿〉의 토대로 삼은 희곡은 거칠고 야

만적이며 유혈이 낭자한 이야기다. 셰익스피어 판에도 유혈은 남아 있지만, 그는 희곡을 정화시켜 시적으로 만들고, 삶과 죽음, 영원, 인간관계, 위선, 진실, 신의 존재, 그리고 그 밖에 인간과 관계되는 거의 모든 것의 의미에 대한 대화와 독백으로 가득 채웠다. 그러나 셰익스피어의 희곡에 나오는 햄릿이 더욱 세련된 존재란 사실이 이 희곡을 해석하려는 사람들에게는 문젯거리가 되고 있다.

셰익스피어는 전형적인 복수극을 썼지만, 아주 새로운 형식을 취하고 있다. 복수를 소재로 삼은 비극은 셰익스피어가 살던 시대에는 아주 인기가 높았다. 복수극은 주인공 중심으로 이야기가 전개되며, 결국은 잘못된 일을 복수하도록 되어 있다. 세네카의 로마 비극에 나오는 인물들처럼 그 주인공과 악한들은 미치광이이며, 우울하고 폭력적이었다. 이 연극들은 사실적이고 유혈이 낭자했다. 창의적인 사색가였던 셰익스피어는 작품에 세련미를 더했고, 새로운 긴장감을 불러일으켰으며, 몇 가지 의문을 추가했다.

이것이 진정한 복수극이라면 햄릿은 좀더 일찍 행동했을 것이다. 그는 초반에 왕을 없애버리고, 극의 나머지 부분은 왕이 죽고 난 후에 일어나는 일로 채워질 것이다. 그러나 햄릿은 일찍 행동하지 않음으로써, 우리로 하여금 그의 진정한 동기에 대해 생각하게끔 만든다. 햄릿은 무방비상태의 왕을 죽일 기회가 많았지만 그는 계속 목숨을 부지한다. 햄릿을 방해하는 것은 물리적 장애물이 아니다. 바로 이 사실이 해석자와 비평가들이 맞닥뜨리는 첫 번째 어려움이다. 햄릿을 가로막는 것은 해석하는 사람이 어느 문화 출신인가에 따라 크게 좌우된다. 오늘날의 독자와 관객들에게는 분명해 보이는 장애물이 16세기의 독자 및 관객들에게는 전혀 이해가 되지 않았다.

셰익스피어의 작품을 이해하기 위해 이 같은 해설이 필요하다는 사실을 안다면 셰익스피어는 놀라움을 금치 못할 것이다. 셰익스피어는 그런 박력과 오락적 가치 때문에 사람들이 몰려드는 극장을 위해 작품을 썼다. 곰 곯리기*나 공개처형을 구경하러 다니는 사람들이 셰익스피어의 연극을 보러 왔다. 그들은 격이 높은 관객들이 아니었다. 다만 곤경에 처한 주인공이 아름다운 언어와 성적인 암시로 괴로움을 토로하는 것을 듣고 무대 위에서 전개되는 유혈극과 파괴를 보러 극장을 찾은 것이다.

영국 군중은 유혈참극을 좋아했다. 그들은 개떼가 곰을 공격해서 죽이는 광경, 사형집행자가 배반자들의 사지를 찢어 죽이는 광경도 좋아하는 듯 보였지만, 특히 무대 위에서 전개되는 참극을 즐겼다. 그들은 셰익스피어의 소품담당자들이 칼에 찔린 배우에게서 솟구치는 피를 그럴듯하게 보여주는 기술에 열광했다. 그리고 훌륭한 연기자가 전투장면, 사랑 장면,

---

병이 든 장면을 실제처럼 완벽하게 연기해내는 것을 좋아했다. 셰익스피어의 연극은 당시 오늘날의 텔레비전처럼 인기가 높았다. 셰익스피어의 극장은 그 시절의 텔레비전이었던 것이다. 만약 셰익스피어가 오늘날 살아 있다면, 아마 인기 드라마를 쓰고 있을지도 모를 일이다.

●작품의 의의

학자들은 셰익스피어가 창조한 주인공들 가운데서 햄릿이 인간 존재에 대한 보편적 인식을 가장 잘 표현한다는 점을 대체로 인정한다. 그는 셰익스피어의 천재성의 화신이며, 그의 수수께끼 같은 존재를 통해 그 어떤 작품의 주인공보다 인간의 상상력을 잘 사로잡고 있다.

햄릿의 이중적 성격(10대 시절을 경험한 사람이면 누구나 알고 있는 성격)은 즉각적인 감정이입을 촉발시킨다. 민감하고, 시적이고, 예술적이고, 사랑에 빠져 있다. 그리고 친구들의 등을 찌르는 죄인이다. 그는 어린 여자 친구에게 냉랭하게 대하고 '눈에 보이지 않는 노인'을 의도적으로 살해하고도 양심의 가책을 느끼지 않는다. 다른 예술가들—지적인 작가들부터 팝송 작사자에 이르는—이 가장 많이 언급하는 작품이 〈햄릿〉이다. 그리고 그들이 가장 많이 인용하고 흉내 내고 모방하는 주인공이 햄릿이다.

〈햄릿〉에서 가장 오래 남는 것, 다시 말해 이 희곡을 어느 시대에서나 생동감 있는 작품으로 만드는 것은 이 작품을 이해하는 열쇠가 없다는 사실이다. 관객들은 모든 해석을 받아들일 수 있고, 모든 해답을 정당화할 수 있으며, 모든 가능성을 인정할 수 있다. 〈햄릿〉의 의미, 주인공의 신비성, 그의 삶과 현대인과의 관련성, 그의 인간관계가 우리에게 가르쳐줄 수 있는 것 등에 대한 열띤 토론은 앞으로도 영원히 지속될 것이다. 대답할 수 없는 의문들이 남아 있는 한, 이 희곡은 계속 우리를 사로잡을 것이다. 그러나 대다수의 비평가, 배우, 연출자, 학자들이 의견을 같이하는 몇 가지 논점이 있다.

그 중 하나는, 처음부터 햄릿은 중세적 피의 복수를 해야 한다는 분명한 지상(至上) 명령을 받고 있다는 점이다. 클로디어스 왕을 죽여 아버지의 죽음에 대한 복수를 해야 하는 것이다. 그의 정서가 그를 둘로 찢어놓는다. 한편으로는 커다란 잘못을 바로잡음으로써 남자다움을 입증하려는 남성으로서의 기본적 욕구를 가지고 있다. 다른 한편으로는 그가 지닌 기독교적·도덕적 지식이 그에게 이유야 어떻든 간에 살인은 죄악이라고 말한다.

햄릿은 숙부이자 아버지이자 왕인 클로디어스와 정반대되는 인간형을 보여준다. 클로디어스는 권모술수적 악한의 전형이다. 그는 그의 악행이 만들어내는 목적을 과장함으로써 비행(非行)을 합리화한다. 그는 자신의 악을 인식하고, 자기에게 운명적으로 주어진 자격을 인정한다. 그는 지옥에 떨어질 것을 알고 있기 때문에 어렵게 얻은 전리품을 지키려고 계속해서 죄를 범한다. 관객들에게 그를 증오하지 않으려는 욕구가 일고, 자기는 용서받을 수 없다는 것을 잘 알고 있다는 사실이 그의 인물 됨됨이에 흥미를 갖게 한다. 우리는 그를 미워하는 대신 그가 전향하기를 바란다. 죄를 자백하고 회개하기를 바라는 것이다. 그러나 그는 뉘우치지 않는다. 그래서 우리의 동정심도 점점 약해진다. 햄릿은 클로디어스와 대조되는 인간형이다. 왕자는 아버지의 명령을 수행해야 한다는 것, 즉 죄가 되는 살인행위를 해야 한다는 것을 알고 있다. 하지만 그 행동이 잘못된 것일지도 모른다는 두려움으로 머뭇거린다. 비록 연극의 결말이 햄릿의 존재를 정당화시킬지는 몰라도, 그것이 살인하지 말라는 계명을 어기는 행동을 정당화시키지는 못한다.

비평가들은 햄릿의 망설임이 그를 비극적 인물로 만들고 있다고 주장한다. 그러나 실상은 햄릿의 '거칠고 거침없는 말들'이 그를 가두는 범인이다. 셰익스피어의 다른 비극의 주인공들과 마찬가지로, 햄릿은 그의 생각 —그에게 결코 침묵을 허용치 않는 그 끈질긴 말들—을 행동으로 옮길 방법을 찾아야 한다. 〈맥베스〉에서는 주인공이 아내와 역할을 바꾼다. 행동이 빠른 아내가 말하는 사람, 생각하는 사람이 되고 맥베스가 성급한 사람, 행동하는 사람이 된다. 〈리어 왕〉에서는 광증(狂症)이 리어에게서 말을 빼앗아감으로써 다른 사람의 말에 귀를 기울여 현실을 인식하게끔 한다. 그러나 〈햄릿〉에서는 말이 끝까지, 즉 그가 자기는 죽게 되니 이제 토론을 끝내고 마침내 행동할 수 있다는 것을 알게 될 때까지 주인공을 지배한다. 머릿속에서 끊임없이 울리는 음악을 듣는 작곡가처럼, 햄릿은 죽을 때까지 말의 흐름 속에서 허우적거리다가 죽으면서 "휴식은 침묵이다"라고 되뇐다.

〈햄릿〉을 해석하기 어려운 한 가지 이유는 주인공을 가로막는 장애물이 사사로운 것들이라는 데 있다. 햄릿이 극복해야 하는 대부분의 갈등은 외부적 요인이 아니라 그의 내부적 갈등에 기인한 것들이다. 그러나 햄릿의 행동을 방해하는 내적 어려움 외에 상당한 외부적 장애물들이 결정적 행동을 가로막는 것 또한 사실이다.

클로디어스가 모든 패를 가지고 있고, 햄릿을 '벌거숭이로' 모든 덴마크인들에게 노출시킨다는 사실은 완전히 외부적인 장애물이다. 유령은 햄릿에게 늙은 왕의 죽음에 복수하라고 명하지만, 왕이 자연사하지 않았다는 것을 증언할 목격자가 아무도 없다. 클로디어스 왕은 신(神)의 위임을 받은 왕이다. 따라서 그를 죽이는 것은 대역죄이고, 신의 노여움을 살 수도 있다. 주위 사람들에게 햄릿은 정신 나간 듯이 보인다. 그러나 그는 클로디어스의 신민(臣民)들 사이에는 인기가 높고 찬양을 받고 있다. 그러나 백성들은 클로디어스가 스스로 고상한 왕이라고 하는 말을 믿지 않을 이유가 없다. 비록 햄릿

이 클로디어스의 세상이 '뒤죽박죽'이고, 실상이 겉보기와는
다르며, "덴마크에서 무언가가 썩고 있다"는 것을 알고 있다
고 해도, 그것을 입증할 증거가 없고 동조해 줄 동지도 없다.
왕은 햄릿의 어머니를 마음대로 조종하고, 어여쁜 오필리아에
대한 햄릿의 구애까지도 간섭한다. 햄릿 편은 호레이쇼밖에
없다.

줄거리

　　햄릿 왕자는 우울증에 빠져 있다. 독일에 유학중이던
그는 아버지의 장례식에 참석하라는 전갈을 받고 조국 덴마
크로 돌아온 것이다. 그는 어머니 거트루드가 이미 재혼했다
는 사실을 알고 충격받는다. 상대는 햄릿의 숙부이자 죽은 왕
의 동생인 클로디어스이다. 햄릿에게 이 결혼은 '더러운 근친
상간'이다. 게다가 햄릿이 왕위계승권자임에도 불구하고 클로
디어스는 스스로 왕위를 승계했다. 햄릿은 무언가 이상하다고
의심한다.

　　아버지의 혼령이 성에 나타나자, 햄릿의 의심은 더욱
굳어진다. 유령은 자기는 살해되었기 때문에 편히 쉴 수 없다
고 불평한다. 햄릿 왕이 낮잠을 자는 동안 클로디어스가 귀에
독을 넣었다는 것이다. 햄릿 왕은 고해를 하고 구원을 얻을 수
없었기 때문에 당분간 연옥에서 낮 시간을 보내며 밤에는 지

상을 배회한다. 그는 햄릿에게 복수를 해달라고 간청하면서도 거트루드는 죽이지 말고 그 운명을 하늘에 맡기라고 덧붙인다.

햄릿은 미친 척하기로 한다. 실성한 자라는 가면을 쓰고 성 안 사람들을 관찰하려는 것이다. 하지만 더욱더 혼란에 빠지고 만다. 머릿속이 뒤죽박죽이 된 그는 유령의 말이 진실일지 의심이 든다. 유령이 아버지의 진짜 혼령이 아니고 그를 악의 길로 유혹하기 위해 악마가 보낸 앞잡이일 수도 있지 않은가? 클로디어스를 죽이는 것이 커다란 죄악이 될 수도 있지 않은가? 햄릿은 이 생각, 저 생각을 하면서 망설이는 것이 비겁하기 때문이 아닐까 하며 괴로워한다. 그는 행동과 망설임 사이에서 갈팡질팡한다.

유령의 말이 진실인지 시험해 보기 위해 햄릿은 순회극단의 도움을 받기로 한다. 극단은 〈곤자고 살해〉라는 연극을 공연중이다. 햄릿은 그 연극에 유령이 말한 살해 장면을 끼워 넣고, 개작된 연극을 〈쥐덫〉이라고 부른다. 이 계략은 성공한다. 햄릿이 예상했던 대로, 재연된 살인 장면을 본 클로디어스의 반응은 양심의 가책에 시달리고 있음을 보여준다. 클로디어스는 숨을 쉴 수 없는 데다가 컴컴하고 눈도 침침해 방에서 나간다. 클로디어스가 악한이라고 확신한 햄릿은 그를 죽이기로 결심한다. 그러나 햄릿은 말한다. "양심은 우리 모두를 겁쟁이로 만드는구나."

클로디어스를 죽이지 못하고 머뭇거리는 사이 햄릿은

여섯 명의 다른 사람들을 죽음으로 몰아간다. 맨 먼저 오필리아의 아버지 폴로니어스가 죽는다. 왕비의 내실 장식용 벽걸이 천 뒤에 숨어서 왕비와 햄릿을 훔쳐보던 그 노인을 햄릿이 칼로 찔러 죽인 것이다. 클로디어스는 폴로니어스를 살해한 죄를 빌미로 햄릿을 영국으로 추방한다. 햄릿의 학교친구 로즌크랜츠와 길든스턴을 독일에서 불러들여 햄릿을 감시하도록 했던 그는 이제 그들에게 햄릿을 영국 왕에게 넘기라고 지시한다. 그 음모를 알아차린 햄릿은 자기 대신 로즌크랜츠와 길든스턴이 교수형에 처해지도록 일을 꾸민다. 아버지의 죽음과 햄릿의 이상한 행동에 충격을 받아 실성한 오필리아가 버림받은 연인의 운명을 탄식하는 슬픈 사랑 노래를 부르면서 물에 빠져 죽는다.

아버지 폴로니어스의 원수를 갚으려고 프랑스에서 귀국한 레어티스는 실성한 오필리아가 물에 빠져 죽었다는 이야기를 듣는다. 오필리아의 매장지에서 그와 햄릿은 누가 더 오필리아를 사랑했는지를 놓고 언쟁을 벌인다. 레어티스는 누이동생의 죽음에 대한 책임도 햄릿에게 묻겠다고 다짐한다.

클로디어스와 레어티스가 머리를 맞대고 햄릿을 살해할 음모를 꾸민다. 그러나 칼싸움을 벌이던 도중에 레어티스가 독 묻힌 칼을 떨어뜨리고, 그것을 집어든 햄릿이 레어티스에게 상처를 입힌다. 치명적인 독으로 레어티스가 죽어간다. 그는 죽기 전에 햄릿 역시 그 칼에 베였기 때문에 곧 죽게 될 것이라고 말한다. 그때 호레이쇼가 햄릿에게 "왕비께서 쓰러지셨다"고 소리친다.

거트루드는 햄릿이 레어티스를 베었으므로 아들이 검술시합에서 이기고 있다고 생각하고 기쁜 나머지 클로디어스가 햄릿에게 먹이려고 독을 타놓은 포도주를 마신 것이다. 왕비는 세상을 떠난다.

레어티스는 죽어가면서 자기도 햄릿의 살해 음모에 가담했다고 고백하고, 포도주에 독을 타기로 한 것은 클로디어스의 생각이라고 말한다. 화가 치민 햄릿은 독이 묻은 칼로 클로디어스를 찌르고, 독이 든 포도주를 왕의 목구멍에 쏟아 붓는다. 죽기 전에 햄릿은 왕위를 노르웨이의 포틴브라스 왕자에게 넘긴다고 선언한다. 진정한 친구 호레이쇼에게는 엘시노성에서 이런 유혈극이 일어난 경위를 다른 사람들에게 정확히 설명해 주라고 간청한다. 숨을 거두면서 그는 마침내 말의 감옥에서 해방된다. "휴식은 침묵이다."

포틴브라스 왕자는 덴마크 왕이 되어 살해된 햄릿 왕자의 장례식을 성대하게 거행할 것을 명령하고, 희곡은 막을 내린다.

등장인물

햄릿, 덴마크 왕자 *Hamlet, Prince of Denmark* 독일 비텐베르크의 대학에서 돌아온 덴마크의 왕세자. 아버지가 세상을 떠나고, 어머니는 시동생 클로디어스와 결혼했으며, 클로디어스가 왕위에 올랐다는 것을 알게 된다.

클로디어스, 덴마크의 왕 *Claudius, King of Denmark* 죽은 햄릿 왕의 동생으로 왕위를 찬탈하고 형수와 결혼한다.

거트루드, 덴마크의 왕비 *Gertrude, Queen of Denmark* 햄릿 왕자의 어머니, 햄릿 왕의 미망인, 클로디어스 왕의 아내.

유령 *The Ghost* 영혼이 죄를 씻을 때까지 땅 위를 배회할 수밖에 없는 죽은 햄릿 왕.

폴로니어스 *Polonius* 클로디어스의 고문이자 늙은 재상.

호레이쇼 *Horatio* 평민인 호레이쇼는 햄릿과 함께 학교에 다녔으며, 끝까지 충실한 친구로 남는다.

레어티스 *Laertes* 폴로니어스의 아들이며 오필리아의 오빠로 파리 유학생. 햄릿 왕이 죽자 학업을 중단하고 돌아왔다가 파리로 가지만, 아버지가 죽자 다시 돌아온다.

오필리아 *Ophelia* 폴로니어스의 딸이며 레어티스의 누이동생. 햄릿이 사랑한다.

로즌크랜츠, 길든스턴 *Rosencrantz, Guildenstern* 비텐베르크에서 햄릿과 함께 공부하던 급우들. 클로디어스가 엘시노로 불러 햄릿 왕자를 감시하도록 지시한다.

포틴브라스 *Fortinbras* 덴마크인들의 손에 죽은 아버지의 원수를 갚는 노르웨이 왕.

오즈릭 *Oslic* 왕의 사자(使者)이며, 햄릿과 레어티스의 검술시합에서 심판 노릇을 하는 정신(廷臣).

볼티먼드, 코넬리어스 *Voltimand, Cornelius* 노르웨이 궁정에 사절로 파견된 덴마크의 정신들.

마셀러스, 버나도 *Marcellus, Barnardo* 엘시노 성을 지키는 덴마크 장교들.

프랜시스코 *Francisco* 엘시노 성에서 보초를 서는 덴마크 병사.

레이날도 *Reynaldo* 폴로니어스가 레어티스의 처신을 염탐하도록 파리로 보낸 젊은이.

두 명의 광대(무덤 파는 사람) *Two Clowns(the Gravediggers)* 오필리아의 무덤을 파는 시골사람들(광대로 확인됨).

등장인물 관계도

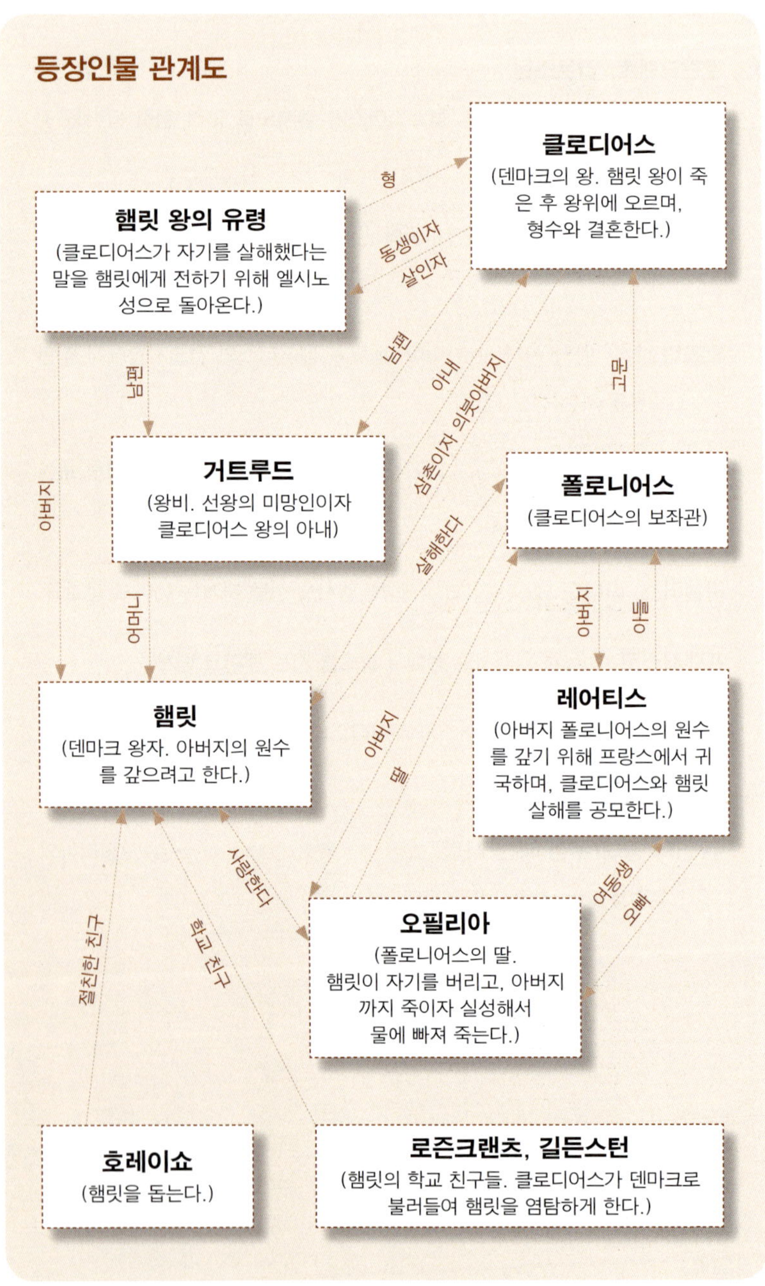

클로디어스
(덴마크의 왕. 햄릿 왕이 죽은 후 왕위에 오르며, 형수와 결혼한다.)
햄릿 왕의 유령
(클로디어스가 자기를 살해했다는 말을 햄릿에게 전하기 위해 엘시노 성으로 돌아온다.)
형
동생이자 살인자
남편
아내
삼촌이자 의붓아버지
살해한다
남편
아버지
딸
거트루드
(왕비. 선왕의 미망인이자 클로디어스 왕의 아내)
폴로니어스
(클로디어스의 보좌관)
말
어머니
아버지
아들
햄릿
(덴마크 왕자. 아버지의 원수를 갚으려고 한다.)
레어티스
(아버지 폴로니어스의 원수를 갚기 위해 프랑스에서 귀국하며, 클로디어스와 햄릿 살해를 공모한다.)
아버지
사랑한다
학교 친구
절친한 친구
오필리아
(폴로니어스의 딸. 햄릿이 자기를 버리고, 아버지까지 죽이자 실성해서 물에 빠져 죽는다.)
여동생
오빠
호레이쇼
(햄릿을 돕는다.)
로즌크랜츠, 길든스턴
(햄릿의 학교 친구들. 클로디어스가 덴마크로 불러들여 햄릿을 염탐하게 한다.)

제 1 막 1-5장

제 2 막 1-2장

제 3 막 1-4장

제 4 막 1-7장

제 5 막 1-2장

1막 1장

 햄릿 왕의 유령이

엘시노 성 포대 꼭대기의 포좌. 장교 버나도가 경비병 프랜시스코를 교대해 주기 위해 당도한다. 버나도는 프랜시스코에게 먼저 정체를 밝히라고 요구한 후 두 사람은 날씨에 대해 잠시 얘기를 나눈다. 프랜시스코가 불평을 늘어놓는다. "이렇게 추운데 교대해 주시니 고맙습니다. 그리고 마음이 아픕니다."

호레이쇼와 마셀러스가 등장해서 프랜시스코와 만난다. 그들은 충성스런 덴마크 신민이라고 정체를 밝힌다. 프랜시스코는 퇴장한다. 마셀러스가 버나도에게 오늘밤 그 '유령'을 보았느냐고 묻는다. 버나도는 보지 못했다고 대답한다. 마셀러스는 호레이쇼에게 유령을 직접 보게 하려고 데려왔다고 말한다. 호레이쇼가 '우리들이 본 것을 확인해 주고, 유령에게 말을 걸 것'으로 믿기 때문이라는 것이다. 호레이쇼는 유령이 나타나리라는 것을 믿지 않지만, 버나도가 전에 유령이 나타났던 얘기를 다시 시작하자 귀를 기울인다.

버나도가 많은 이야기를 하기도 전에 유령이 나타난다. 마셀러스가 호레이쇼한테 유령에게 말을 시켜보라고 부추긴다. 호레이쇼는 유령을 보고 있다는 사실을 부인할 수 없다. 세 사람은 유령이 실제로 존재한다는 데 동의한다. 그들은 그 유령이 '땅에 묻힌 덴마크 국왕 폐하', 즉 얼마 전에 세상을 떠난 햄릿 왕임을 알아본다. 그들은 유령에게 가지 말고 얘기를 해달라고 간청하지만, 유령은 어둠 속으로 사라져버린다.

호레이쇼는 자기 눈으로 보지 않았다면 믿지 못했을 것이라고 하면서, 햄릿 왕이 늙은 포틴브라스 왕을 죽이고 폴란드군과 싸워 이길 때 입었던 갑옷 차림으로 나타났다는 사실에 놀라움을 금치 못한다. 그는 왕의 복장이 그다지 어울리지 않는다고 생각한다. 왜냐하면 죽은 포틴브라스 왕의 아들이며 같은 이름을 가진 포틴브라스 왕자가 아버지의 원수를 갚고 햄릿 왕이 빼앗아간 영토를 되찾으려고 덴마크에 선전포고를 한 상태이기 때문이다. 덴마크가 노르웨이를 상대로 전쟁 준비를 하고 있는 때에 유령이 덴마크의 멸망을 예언하는 것은 아닐까, 하고 버나도는 의심한다. 호레이쇼는 카이사르의 죽음을 예언했던 징조들을 떠올리면서 몸서리 친다.

유령이 다시 나타난다. 호레이쇼가 가지 말라고 유령에게 간청한다. 그러나 닭 우는 소리가 새벽이 다가옴을 알린다. 호레이쇼는 유령은 대낮에는 남아 있을 수 없다는 것을 깨닫는다. 그들은 어슴푸레 밝아오는 여명 속으로 유령이 사라지는 것을 지켜본다. 햄릿 왕의 유령을 보았다는 것을 확신한 그들은 햄릿 왕자에게 그 사실을 알리기로 한다.

프랜시스코가 버나도와 경비를 교대하면서 묘사하는 으스스한 싸늘함이 희곡의 분위기를 훌륭하게 나타낸다. 예일 대학교의 메이나드 맥 교수는 이것을 '있는 것 같기도 하고 없는 것 같기도 한, 신비스럽고 애매한, 밝은 표면과 어두운 세력의 혼합물'이라고 표현하고 있다.

주제탐색 이 장은 겉모습과 실제를 구분하는 문제를 아주 뚜렷이 보여준다. 유령이 나타난다. 그러나 그것이 진실로 거기 있는 것일까? 그것이 존재한다면, 왕의 외모와 옷을 걸친 악마가 아닐까? 진실과 환상을 구분하는 것이 1막의 고민이며, 이 고민은 희곡의 전환점인 4막 4장까지 계속 햄릿을 괴롭힌다. 버나도가 프랜시스코에게 던지는 질문이 햄릿의 세계가 뒤집혀 있다는 것을 암시해 준다. 규칙대로라면 새로 나타나는 자에게 프랜시스코가 질문을 던져 신원을 확인해야 하지만, 여기서는 오히려 침입자가 경비병의 신원을 확인한다. 프랜시스코의 대답이 불안감을 고조시킨다. '마음이 아프다'는 그의 말은 이어지는 비극의 긴장감을 예고하고, 경비의 교대는 한 왕에서 다른 왕으로 왕좌가 넘어가고, 왕위계승권을 찬탈당한 왕자가 도착하는 덴마크 정치 상황의 미묘함을 반영한다.

문학적 장치 〈햄릿〉의 첫 장에서 셰익스피어는 희곡 전체를 비출 거울 몇 개를 등장시키고 있다. 포틴브라스는 아버지가 전쟁에 패하면서 잃은 영토를 되찾고 아버지의 죽음에 복수해야 한다는 의무감을 느끼고 있다. 그는 햄릿을 돋보이게 하는 역할을 한다. 몇몇 등장인물들이 햄릿을 반영하지만, 포틴브라스는 맨 먼저 그 이름이 언급되는 인물로서 우리는 그에게서 덴마크 왕자와 닮은 점을 발견하게 된다.

주제 탐색 포틴브라스는 또 다른 의미도 갖는다. 첫 장은 〈햄릿〉의 중요한 주제, 즉 횃불이 늙은이로부터 젊은이에게로 넘어가고 젊은이는 노인들의 기대에 맞춰 살아야 하는 의무를 지게 된다는 것을 예시한다. 아들은 아버지의 지시 ― 살인, 전쟁, 또는 그 밖의 파괴를 불가피하게 하는 것 ― 가 아무리 비이성적인 것 같아도 따라야 한다. 1장에서 호레이쇼는 젊은 포틴브라스가 햄릿 왕에게 아버지의 패배를 설욕하려고 하기 때문에 덴마크 전체가 전쟁 준비를 하고 있다고 설명한다. 아버지의 뜻을 따라야 한다는 단순한 의무가 이 희곡에서 모든 사건을 일으키고 햄릿의 삶을 지배한다.

유령에게 느끼는 호레이쇼의 두려움은 엘리자베스 1세

와 제임스 1세 시대의 사람들이 마녀와 유령에 대해 가졌던 태도를 반영한다. 셰익스피어의 동시대인들은 유령의 존재를 믿었고, 그 유령들이 악마나 지옥과 깊은 관련이 있다고 생각했다. 마녀와 마찬가지로 유령도 내세와 연관 있는 존재들로 여겨졌지만, 마녀와는 달리 모든 유령을 무서워하지는 않았다. 마녀들은 항상 악마와 관련이 있지만, 유령들은 성령과 관련이 있을 수도 있다고 생각했기 때문이다. 셰익스피어는 유령은 천사와도 악마와도 관련이 있을 수도 있다고 보았다.

당시의 종교적 가르침에 따르면, 유령을 본 사람은 유령이 나타난 목적과 유령의 모습를 확인해야 한다. 유령은 (1) 악마와 관련을 가질 위험성이 많은 환영(幻影) (2) 평생 풀지 못한 한을 풀려고 돌아온 떠돌이 혼백 (3) 신이 경고나 예언을 하기 위해 보낸 유령 (4) 신의 허락을 받고 무덤에서 나온 혼백 (5) 죽은 사람으로 가장한 악마일 수도 있다. 〈햄릿〉에 나오는 인물들은 유령이 이 다섯 가지 가운데 어느 것인가를 시험해 보려고 한다.

갑옷은 유령이 생전에 미처 다하지 못한 과업을 완수하기 위해 돌아온 군인일 수도 있다는 것을 암시한다. 이것은 그가 한때 통치했던 나라가 혼란에 빠질 것임을 나타내는 조짐이며, 유령은 신의 허락을 받고 지상을 배회하고 있다고 볼 수 있다. 호레이쇼는 유령이 어떤 조짐을 나타낸다는 생각을 떨쳐버리지 못한다.

포틴브라스가 이끄는 노르웨이군이 곧 덴마크를 침공할 것이라는 호레이쇼의 걱정은 이 희곡에 설정되어 있는 여러 개의 거울 가운데 하나다. 포틴브라스는 부하들에게 줄 돈이 부족함에도 불구하고 명예를 지키기 위해서는 덴마크를 침공해서 아버지의 원수를 갚아야 한다. 늙은 포틴브라스와 젊은 포틴브라스, 늙은 햄릿과 젊은 햄릿, 늙은 폴로니어스와 젊은 레어티스가 끊임없이 아버지에 대한 아들의 의무와 헌신에 관한 셰익스피어의 집착을 보여준다.

기독교에 대한 마셀러스의 언급은 〈햄릿〉의 기독교적 성격을 드러내고 있다. 마셀러스는 천국을 부르면 유령이 사라진다고 말하고, 크리스마스와 '우리 구세주의 탄생'에 대해서도 언급하고 있다. 이것은 희곡에 등장하는 인물들의 종교적 관점이자 셰익스피어 자신의 가톨릭적 관점이기도 하다.

1막 1장은 엘시노 성 자체가 임박한 전쟁과 재난을 피하지 못하며, 인간이 제어할 수 없는 힘이 행복이나 안녕에 대한 희망을 위협하는 감옥임을 암시하고 있다.

1막 2장

용의주도한 클로디어스

　나팔소리가 울리면서 새로 등극한 덴마크 왕 클로디어스와 아내 거트루드가 햄릿 왕자, 클로디어스의 고문 폴로니어스, 폴로니어스의 아들 레어티스, 노르웨이에 보낼 사절인 볼티먼드와 코넬리어스 등 신하들을 대동하고 대접견실로 들어온다. 클로디어스는, 형이 죽은 직후에 거트루드와 결혼한 이유를 설명한다. 노르웨이군의 침공을 앞두고 궁정이 오랫동안 선왕의 죽음을 슬퍼할 겨를이 없고, 젊은 포틴브라스가 그들의 애도를 약세로 오인할 수도 있다는 것이다. 그는 포틴브라스의 삼촌에게 조카 포틴브라스의 덴마크 침공을 알리기 위해 볼티먼드와 코넬리어스를 급파한다. 포틴브라스의 삼촌 역시 최근에 죽은 형의 뒤를 이어 노르웨이 왕좌에 오른 인물이다. 클로디어스는 그 늙은 삼촌이 포틴브라스의 덴마크 침공을 저지할 힘을 가지고 있기를 바란다.

　다음에 클로디어스는 레어티스에게 주의를 돌린다. 레어티스는 왕에게 프랑스의 학교로 돌아가게 해달라고 청한다. 클로디어스는 폴로니어스의 뜻에 따라 레어티스의 청원을 들어주기로 한다.

　레어티스를 내보낸 왕과 왕비는 햄릿의 어두운 표정에 주목한다. 햄릿은 왕의 다정한 모습을 조롱한다. 거트루드와 클로디어스는 그에게 슬픔을 그치고 생활을 다시 시작하라고 격려한다. 거트루드가 햄릿에게 아버지의 죽음을 너무 슬퍼하는 것처럼 보인다고 하자 햄릿은 어머니와 숙부와는 달리 자기는 꾸며대지 못한다고 쏘아붙인다. "보인다구요, 왕비님?

보이는 게 아니라 사실입니다." 햄릿은 거트루드가 겉으로는 슬픈 척하면서 실제로는 늙은 왕의 죽음을 기뻐한다고 나무란다. 클로디어스는 햄릿에게 그가 다음 왕위계승권자라는 사실을 상기시키면서 비텐베르크의 대학으로 돌아가지 말라고 청한다. 거트루드도 그 부탁을 되풀이한다. 햄릿은 내키지 않는다는 듯한 태도로 그 요청을 받아들인다. 그들의 뜻이 받아들여진 것에 만족한 클로디어스와 거트루드는 햄릿이 혼자 생각에 잠기도록 방을 나간다.

독백을 통해 햄릿은 자살할 수 없다는 사실을 탄식한다. 그는 자기 육체가 존재를 멈추었으면('녹아서 이슬이 되어버렸으면') 좋겠다고 생각한다. 그는 그의 종교가 자살을 금하고 있다고 불평하고, 어머니의 더러운 근친상간을 계속 지켜보느니 어서 죽어버리면 좋겠다고 말한다. 이런 생각들로 괴롭지만, 누구에게도 털어놓을 수 없다는 것을 알고 있다.

호레이쇼와 마셀러스, 버나도가 들어온다. 호레이쇼와 단둘이 있게 된 햄릿은 클로디어스 왕이 장례식 음식을 결혼식 하객들에게 주어 돈을 아끼려고 했다고 가시 돋친 농담을 한다. 그는 아버지 생각이 떠나지 않는다고 말한다. 호레이쇼가 그 기회를 놓치지 않고 선왕의 유령과 만났던 일을 이야기한다. 햄릿은 그날 밤 성벽으로 가서 유령이 다시 나타나는지 보기로 한다.

클로디어스가 극중에서 처음으로 햄릿을 책망하는 것은 의미가 있다. 클로디어스는 분명한 적대자이므로 매우 적대적인 역할로 무대에 처음 등장하는 것이다. 그의 행동이 관객들에게 두 사람이 경쟁상대라는 것을 알리기에 부족하다면, 햄릿이 첫 대사로 클로디어스에 대한 역겨움을 분명히 함으로써 두 사람의 불편한 관계를 뚜렷하게 부각시킨다.

문체 탐색 이 장의 중요한 목적을 드러내는 단어들은 '보여준다', '처럼 보인다', '…의 역을 한다'이다. 코넬리어스와 볼티먼드는 '우리의 임무를 보여줄' 것이라고 말한다. 레어티스는 클로디어스 왕에 대한 충성심을 '보여주기 위해 덴마크에 왔다.' 거트루드는 햄릿의 '어두운 안색'을 보고 "어째서 그게 네게만은 그렇게 유별나게 보이느냐?"고 묻는다. 햄릿은 어머니의 물음에 대해 한 문장에 '보인다'는 단어를 두 번 사용해서 대답한다. 자기는 꾸며대지를 못하고 있는 그대로를 내보인다고 하고, 이어 사실이 그렇다고 말한다. 그의 감정이 연기처럼 보일지도 모르지만, 그렇지 않다는 것이다. 2장의 모든 것은 겉모습과 실제를 구분하는 어려움에 집중되고 있다. 이 문제는 호레이쇼가 햄릿에게 유령이 나타났다고 말함으로써 더욱 뚜렷해진다.

인물 탐색 클로디어스의 계산적인 성격은 금방 드러난다. 언제나 겉모습에 신경을 쓰는 그는 거트루드를 '전에는 형수였지만 이제는 왕비이며 전운이 감도는 이 나라의 아주 중요한 존재'라고 하고, 햄릿에 대해서는 '조카이며 나의 아들 햄릿'이라고 한다. 그는 백성들이 자기와 국가의 관계, 자기와 거트루드의 관계, 자기와 햄릿의 관계를 어떻게 인식할 것인가를 곰곰이 생각해 보고 자기방어를 위한 만반의 대책을 세워놓는다. 그는 자기와 거트루드가 서둘러 결혼한 일, 불과 몇 달밖에 안 되었는데도 온 나라가 햄릿 왕의 서거를 애도하지 않고 당연히 슬퍼해야 할 미망인까지도 그를 그리워하지 않는 사실에 대한 설명도 준비해 놓았다. 클로디어스가 햄릿을 향해 '불경스러운 고집'을 질책하는 것은 자기가 젊은 왕자와 그의 왕국을 다스릴 권좌에 있다는 것을 명백하게 보여준다. 그는 걱정하는 부모나 책임 있는 군왕에 걸맞은 태도로 햄릿을 책망한다. 그 모습이 햄릿에게는 깊은 인상을 주지 못하지만, 클로디어스는 그의 책략이 효과를 내지 못하고 있다는 사실을 모른다.

클로디어스는 햄릿의 자아상(自我像)을 손상시킴으로써 왕의 자격이 없다는 것을 강조하려고 한다. 햄릿이 '다부지지 못한 마음', '성급한 심성', '단순하고 모자란 이해력'을 가졌다고 비난함으로써 왕의 임무를 수행하기에 부적합한 인물로 묘사한다. 이런 비난은 왕위가 진정한 후계자인 햄릿에게 돌아가야 함에도 불구하고 그가 형의 뒤를 이어 왕좌에 오른 행위를 정당화한다. '나의 조카이며 나의 아들' 등, 클로디어스가 선택하는 모든 단어는 그의 우월성과 완전한 지배력을 반복해서 드러낸다.

이 장에서 햄릿의 머릿속을 채우고 있는 것은 클로디어

스와 거트루드의 근친상간이다. 다른 범죄도 저질러졌을지 모른다는 의심을 품고 있긴 하지만 그가 가장 분명하게 인식하고 있는 것은 이 끔찍한 근친상간이다. 극의 마지막 부분에서 햄릿은 클로디어스를 '살인적이고 저주받은 덴마크인'이라고 부르고, 왕은 응보를 받아야 할 여러 죄를 범한 것으로 드러나지만, 이 순간에는 형제자매(형수, 시동생 포함) 간의 성적 접촉을 금하는 계율을 어긴 클로디어스와 거트루드의 결혼에 햄릿의 분노가 집중되어 있다. 이 경우, 거트루드의 죄와 클로디어스의 죄가 똑같지만, 햄릿은 클로디어스에게 분노를 집중시키고 어머니에 대해서는 불신감만 표출한다.

인물탐색 이 장에서 배우는 거트루드의 성격을 해석하는 데 어려움을 겪는다. 거트루드의 행동은 순진하며, 진정으로 햄릿의 행복을 소망하고, 그가 충실한 아들로 계속 남아 있기를 바라는 것처럼 보인다. 겉보기에 순진하고 솔직해 보이는 그녀는, 주위 사람들에게 미칠 효과를 생각해서 말 한 마디 한 마디, 행동 하나하나를 계산해서 하는 클로디어스와 좋은 대조를 이룬다. 비록 그녀가 겉보기보다 덜 솔직하고 덜 정직할지는 몰라도, 셰익스피어는 그런 암시를 전혀 하지 않고 있다. 그러나 연극이 전개되면서, 우리는 거트루드의 순진함에 점점 의심을 품게 된다. 거트루드 역을 맡는 배우는 그녀가 진심으로 행동하고 있는지, 아니면 가장하고 있는지에 신경을 써서 연기해야 한다.

겉보기와 실제 간의 차이는 〈햄릿〉 전체에 나타나는 모티프가 된다. 1장의 유령은 실제로 존재하는 것인지 허깨비인지 분명치 않았다. 2장에 나타나는 복잡한 기만과 혼돈은 연극 전체에 드리울 그림자를 암시하고 있다. 거트루드가 슬픔을 이제 그만 거두라고 간청하자, 햄릿은 그녀에게 '다른 누구처럼… 연극을 하는' 사람이 아니라고 대꾸한다. 자기는 검은 상복을 차려 입지도 않고 남에게 보이려고 깊이 한숨을 쉬거나 소리 내서 통곡하지도 않는다는 것이다. 그는 진정으로 슬퍼하고 있으며, 남편과 형을 잃은 사실에 거트루드와 클로디어스가 무감각한 것을 못마땅하게 생각하고 있다. 햄릿에게는 다른 모든 사람들이 연극을 하고 있는 것으로 보인다.

위선을 싫어하는 햄릿의 마음은 첫 번째 독백에 잘 나타나 있다. 아버지가 죽은 지 한 달도 채 못 되어 어머니가 시동생과 근친상간적 결혼을 했다는 사실이 햄릿을 괴롭히고 있다. 지성을 갖추지 못한 어리석은 짐승이라도 죽은 짝을 생각하는 마음이 그보다는 나을 것이라고 한탄한다. 햄릿은 어머니의 판단력을 의심하게 된다. 햄릿이 보기에 클로디어스는 욕정에 이끌리는 야수이고 노왕 햄릿은 태양신 히페리온과 같은 존재다. 신과 짐승을 맞바꾸는 여자를 어찌 믿을 수 있단 말인가? 여자에 대한 이런 불신감과 더불어 햄릿 자신의 모습도 이 독백에서 드러나기 시작한다. 그는 숙부 클로디어스와 아버지 햄릿 왕을 비교하면서 '자기와 헤라클레스'를 비교하는 것과 마찬가지라고 함으로써 자신의 평화주의적 태도를 드러내고 있다. 헤라클레스는 충동적으로 행동하며, 싸움의 옳고 그름을 따지지 않고 싸움터로 돌진한 용맹스런 전사였다. 헤라클레스와는 달리, 햄릿은 말 속에 파묻혀서 사태를 이해하려고 끈질기게 노력한다.

자신의 약점을 알고 있는 햄릿은 자살할 수도 없는 무능을 질책한다. 이것은 셰익스피어가 믿고 있는 종교의 율법을 햄릿이 지키고 있는 것이다. 햄릿은 거트루드와 클로디어스의 결혼을 근친상간이나 다름없는 결합이라고 비난하지만, 사실 시대와 문화권에 따라서는 미망인이 남편의 형제들과 결합하는 것을 권장하는 경우가 많다. 엘리자베스 시대의 법이 이런 결합을 금한 것은 셰익스피어가 이 희곡을 쓰기 얼마 전의 일에 불과하다. 어머니의 근친상간 — 그녀의 문화권에서 금하고 있는 결혼 — 에 대한 햄릿의 고통과 당혹스러움은 그가 죽음의 안식을 동경할 정도로 크지만, '자살을 금하는 율법'을 어길 만큼 극심하지는 않다.

버나도와 마셀러스, 호레이쇼가 햄릿에게 유령이 나타났다는 소식을 전하자, 햄릿은 그 상황에 대해 꼬치꼬치 캐묻고는 유령이 '저주받은 귀신'이 아니고 진정한 아버지의 '혼령'이라고 확신한다. 호레이쇼는 햄릿에게 유령이 '슬픈 빛'을 띠고 있었다고 말함으로써 노왕이 화를 내고 있었다는 자신의 이전 생각을 뒤집는다. 슬픈 표정을 짓고 있었다는 사실이 유

령이 아버지의 혼령이라는 햄릿의 믿음을 더욱 굳혀준다. 호
레이쇼와의 대화에서 나타나는 햄릿의 냉소적인 태도는 견디
기 힘든 우울증과 뭔가 '범죄'가 개입된 것 같다는 지울 수 없
는 의심이 변형된 형태라고 할 수 있다.

 오필리아, 햄릿 왕자를 멀리 하다

폴로니어스의 방에서 레어티스가 파리의 학교로 돌아갈 준비를 한다. 그는 오필리아에게 햄릿 왕자가 다가오지 못하게 하라고 충고한다. 그녀는 햄릿에게 노리개 이상이 될 수 없고, 햄릿은 지체가 높기 때문에 결코 그녀와 맺어지지는 않을 것이란 이야기다. 오필리아가 마음의 상처를 입거나 명예를 더럽히지 않으려면 햄릿이 그녀를 범하기 전에 햄릿 왕자를 물리쳐야 한다고 주장한다. 오필리아는 오빠나 '자신의 충고를 지키지 못하는 자유분방한 젊은이'가 되지 않도록 조심하라고 농담조로 핀잔준다.

폴로니어스가 들어와 파리 생활에 대해 긴 충고를 한다. 그는 젊은이가 해야 할 일과 해서는 안 될 일을 경구처럼 쏟아놓는다. 레어티스는 아버지의 말에 따르겠다고 하고, 이제 떠나야 한다고 말한다. 그리고는 오필리아에게 자기 말을 상기시킨다. 오필리아는 오빠의 충고를 가슴에 꼭 간직하고 지키겠노라고 약속한다. 폴로니어스가 오필리아에게 오빠와 무슨 얘기를 나누었는지 묻자 햄릿 왕자에 대한 충고를 들었다고 대답한다. 폴로니어스가 그 문제에 대해 견해를 밝힌다. 햄릿이 혈기왕성한 남성으로 오필리아에게 원하는 것은 단 한 가지뿐이므로 그의 접근을 단호히 뿌리쳐야 한다고 말한다. 오필리아는 아버지의 충고를 받아들여 왕자와의 관계를 끊겠다고 약속한다.

문학적 장치 레어티스는 지나치게 보호적인 충고를 진심으로 한다. 그러나 어조는 마치 준비된 연설문을 읽는 것 같고, 오필리아의 감정을 제대로 인식하지도 고려하지도 않고 있다는 것을 드러낸다. 레어티스는 깊은 사고력이나 환상적인 언어 구사력을 가진 사람이 아니고 실용주의자, 다시 말해서 정서적 깊이보다는 정확함에 더 관심을 갖는 조심스러운 정신(廷臣)이다. 셰익스피어는 레어티스가 햄릿과 완벽한 대조를 이루는 인물이라는 사실을 적절하게 강조하고 있다. 연습한 듯한, 정치적 냄새를 풍기는 레어티스의 어투는 햄릿의 정서적이고 현란하고 정감 있는 어투와 정반대다. 레어티스는 마치 학교

교과서를 외우듯이 대사를 말한다. 그는 머리가 좋지 않고 허영심 많은 평범한 인간임을 드러내고 있다. 이 장은 서두에서 레어티스와 햄릿이 비슷한 것 같지만 결정적으로 다르다는 것을 보여준다.

주제탐색 폴로니어스는 연극 세계에서 살고 있다. 사교적 예법에 대한 그의 충고는 윤리적으로는 옳을지 몰라도 레어티스의 실제 생활에는 도움이 되지 않는다. 그가 오필리아에게 하는 말을 보면, 그 시대에 그와 비슷한 사회적 지위를 가진 사람들이 딸을 대하는 태도의 전형이라는 것을 알 수 있다. 그는 딸을 재산처럼 취급하고, 여자는 가문에 명예와 재산을 가져다주어야 한다고 생각하며, 이런 관점에서 오필리아 걱정을 많이 한다. 그는 햄릿이 결코 오필리아를 아내로 선택하지 않을 것이라고 확신하고, 햄릿의 의도에 대해 음탕한 암시를 함으로써 아버지의 중간 역할을 기대했던 오필리아의 희망을 여지없이 깨뜨린다. 폴로니어스와 레어티스를 통해 셰익스피어는 이 극의 또 다른 모티프―가족애를 망치는 자기탐닉과 허영심―를 제시한다.

인물탐색 이 장은 오필리아가 처한 곤경을 부각시키고 있다. 레어티스와 폴로니어스는 이구동성으로 그녀가 사랑하는 남자에게 이용당하고 있으며, 결국에는 실연당할 것이고, 그녀는 자신의 마음을 믿어서는 안 된다고 말하고 있다. 그녀는 고분고분한 딸이다. 아버지로부터 자기주장을 해서는 안 된다는 가르침을 받아온 그녀는 오빠와 아버지의 말을 존중하겠다고 약속한다. 그녀에게는 햄릿과의 관계를 단절하는 것밖에는 선택의 여지가 없다. 하지만 두 남녀가 이미 마지막 선을 넘었다면 어쩔 것인가? 햄릿이 그녀를 사랑하고 있으며 결코 그녀를 버리지 않겠다고 이미 약속했다면 어쩔 것인가? 그렇다면 그녀는 누구의 말을 믿어야 하는가? 셰익스피어는 그녀의 마음속을 드러내 보여주지 않지만, 오필리아 역을 맡은 배우는 그녀가 햄릿에 대해 느끼는 감정을 알고 있어야 한다. 대부분의 비평가들은 오필리아와 햄릿이 이미 아주 가까운 사이이며, 오필리아는 왕자를 진심으로 사랑하고 있고, 따라서 아버지와 오빠의 말이 깊은 상처를 주었다는 데 의견의 일치를 보이고 있다. 이 추측이 틀리다면, 오필리아가 다음에 하는 행동의 동기가 모호해진다.

1막 4장

햄릿, 아버지 유령을 만나다

계획대로 호레이쇼와 마셀러스, 햄릿이 성의 흉벽에서 만난다. 나팔 소리가 울리고, 이어 왕자가 술과 연회를 즐기는 왕을 신랄하게 비판한다. 그는 왕의 그런 성향이 나쁜 영향을 주어 덴마크인들이 술주정뱅이라는 오명을 쓰고 농담의 대상이 될까 두렵다고 말한다. 그는 흔히들 어떤 사람의 가치를 힘이 아니라 아주 사소한 '습성'을 보고 판단한다고 지적한다. 이런 토론이 더 진전되기 전에 호레이쇼가 유령이 나타났다고 알린다.

햄릿은 그 유령이 '천국에서 불어온 미풍인지 지옥에서 휘몰아치는 광풍인지', '나쁜' 의도를 가졌는지 '좋은' 의도를 가졌는지 확신하지 못하지만, 아버지의 모습과 흡사하다는 것을 금방 알아챈다. 그는 유령에게 나타난 목적을 말하고 모든 것을 분명하게 밝히라고 다그친다. 그러자 유령이 햄릿에게 따라오라고 손짓한다. 친구들이 조심하라고 간청하지만, 햄릿은 유령을 따라 어둠 속으로 사라진다.

:풀어보기

햄릿은 다시 겉모습과 실제의 차이에 관심을 드러낸다. 클로디어스는 강한 사람처럼 보이지만, 술과 연회에 대해서는 결정적인 약점을 드러낸다. 햄릿은 클로디어스가 덴마크인

들을 술주정뱅이로 보이게 해서 동맹국과 적국 사람들 모두가
업신여기게 될 것이라고 말한다. 어느 개인의 약점이 그의 모
든 덕성을 가릴 수 있듯이, 단 한 사람의 '졸렬한' 인물, 특히

졸렬한 지도자가 덕성스러운 동포들 모두에게 불명예를 줄 수
있다는 것이다. 햄릿이 야수 같은 새 왕에 대한 비판을 막 끝
내는 순간, 위대한 히페리온 같은 노왕이 모습을 드러낸다. 클
로디어스의 악한 습관이 유령이 나타난 동기보다 더 큰 의심
을 불러일으킨다. 진정한 악은 왕위 계승자의 마음에 있고 궁
정의 타락이 악행의 필연적인 결과를 반영한다.

문체탐색 클로디어스의 떠들썩한 연회를 묘사한 햄릿의 대사는
여러 가지 점에서 중요하다. 비평가들은 이것을 '한 모
금의 악' 대사라고 부른다. 햄릿이 "한 모금의 악이 그의 모든
고상한 겉모습을 의심하게 한다"는 말로 끝맺고 있기 때문이
다. 이 대사에서 햄릿은 자신을 포함한 덴마크인들이 쾌락주
의적 성벽을 가지고 있다고 고발한다. 술과 연회를 즐기는 성
향이 문화를 약화시키고 국민을 좀먹고 있다고 한탄한다. 덴
마크인들이 '용렬한' 행동을 하는 사람들로 이름나 있다는 사
실이 괴롭다.

비평가들은 〈햄릿〉을 근대의 도덕극(道德劇)으로 간주
해 왔다. 극중에서 르네상스의 권선징악적 인물인 햄릿은 도
덕적으로 타락한 세상을 헤치고 이성과 선행의 빛을 향해 정
의로 가는 길을 찾아야 한다. 그의 명예심이 그를 올바른 행동
으로 몰아간다. 그러나 그 올바른 일이 실제로는 신의 율법을
위반하는 일이다. 햄릿은 옳은 일과 그른 일 사이에서가 아니
라 옳은 일과 옳은 일 사이에서 갈팡질팡한다. 햄릿이 정의하

는 주관적인 '옳은 일'은 클로디어스가 정의하는 그것과 완전히 다르다. A. C. 브래들리의 지적처럼, 햄릿은 '인간의 가치'를 가장 중시하고 '악을 혐오'한다. 우리는 이 연극을 '심사숙고의 비극' 못지않게 '도덕적 이상주의의 비극'으로도 보아야 한다고 브래들리는 지적하고 있다.

1막 5장

아들아, 내 복수를 부탁한다

다시 엘시노 성의 흉벽. 햄릿이 유령을 따라간다. 유령은 햄릿 왕의 혼령임을 인정하고, 아들에게 자기 말을 잘 들으라고 이른다. 유령은 곧 연옥으로 돌아가야 하기 때문에 시간이 별로 없다. 그는 연옥에서는 생의 비밀을 누구와도 나눌 수 없지만, 아들에게 꼭 해주고 싶은 억울한 이야기가 있다. 그러나 그는 햄릿에게 사건의 전말을 자세히 이야기하기 전에 자기를 살해한 자에게 복수를 하라고 다그친다. 유령의 말을 듣고 햄릿은 공포에 휩싸인다. 그의 두려움을 확인해 주었기 때문이다. 햄릿 왕은 '아침의 냄새를 맡고' 서둘러 아들에게, 클로디어스가 왕비를 유혹했고, 그런 다음 자기가 낮잠 자고 있는 곳으로 몰래 들어와 독약을 귀에 넣었다. 독약이 피를 굳게 만들어 그에게서 생명과 죄를 사면받을 기회를 앗아갔다고 말한다.

유령은 햄릿에게 "나를 잊지 말라"고 말한다. 그러나 그보다 먼저 거트루드는 그냥 내버려두라고 이른다. 따라서 햄릿은 클로디어스에게만 보복을 해야 한다. 유령은 격분한 햄릿을 남겨둔 채 퇴장한다. 햄릿은 호레이쇼와 마셀러스가 걱정스럽게 부르는 소리에 대답한다. 그는 구체적인 이야기는 하지 않고 다만 그들이 보고 들은 것을 아무에게도 말하지 않겠다는 맹세를 하라고 요구한다. 햄릿은 호레이쇼에게 자기는 미친 척하면서 어머니와 숙부의 행동을 염탐하겠다고 말한다. 호레이쇼가 충성을 다하겠다고 맹세한 후, 햄릿은 떠나간 유령에게 편히 쉬라고 인사하고 운명을 저주하면서 다른 사람들과 함께 퇴장한다.

햄릿 왕의 유령은 엘리자베스 시대 관객들의 동정심을 확실하게 이끌어낼 만한 방식으로 자신을 소개한다. 그는 아들에게 동생이 자신의 모든 것, 심지어 영원히 존재하는 영혼마저 빼앗아갔다고 말한다. 성경이 아벨에 대한 동정심을 일으키고 동생을 살해한 카인을 비난하는 것과 똑같이 셰익스피어도 살해당한 형의 편을 들고 있다.

햄릿은 곧바로 유령의 말을 믿는다. 그가 품고 있던 최악의 우려―클로디어스가 햄릿 왕을 살해했다―를 확인해주었기 때문이다. 〈햄릿〉의 초연을 관람한 엘리자베스와 제임스 1세 시대의 관객들에게는 왕의 살해 그 자체가 놀라운 일이었다. 그들은 왕이 신의 위임을 받아 통치하고 있다고 생각했기 때문이다. 영국 교회는 한 술 더 떠서 교회내의 최고 지위까지도 왕에게 주었다. 모든 면에서 영국 왕은 지상에서 신을 대신하는 존재였던 것이다. 따라서 살해된 햄릿 왕은 셰익스피어의 관객들로부터 가장 동정 받는 인물이 된다. 아무도 유령의 존재를 의심하지 않았고, 햄릿처럼 잠시나마 유령이 악마일지도 모른다고 생각하는 사람은 거의 없었다.

아버지의 살인자가 어머니의 현재 남편인 숙부라는 사실이 어머니의 근친상간죄를 더욱 무겁게 한다. 햄릿에게는 선택의 여지가 없다. 그가 폭력을 싫어하고 기독교의 엄격한 율법에 따라 살고 싶다고 해도, 아버지의 명예를 위해 복수를 해야 한다. 햄릿으로서는 클로디어스를 죽이는 것 외에는 달리 방법이 없다. 아버지의 명령과 전통에 의해 이중으로 구속당한 햄릿은 복수의 포로가 된다.

여기서 갈등이 일어난다. 기독교는 "눈에는 눈"이라는 히브리의 관념을 부정했다. 이 관념은 르네상스 시대의 사람들에게는 야만적인 것으로 보였다. 더욱이 살해된 사람의 가장 가까운 혈족이 결투를 벌여 죽음에 대한 복수를 해야 한다는 중세의 관습은 이미 과거의 유물이 되어버렸다. 사회는 이제 자비와 용서라는 개념을 옹호하는 경우가 더 많아졌다. 이 개념은 셰익스피어가 이전에 쓴 희곡인 〈베니스의 상인 *Merchant of Venice*〉에서 탐색한 개념이기도 하다. 그 작품에서 관객들은 피의 보상을 요구하는 적대자를 경멸한다. 〈햄릿〉에서는 관객들에게 햄릿의 복수욕에 동조하기를 요구한다. 햄릿이 관객들의 동정을 받는 것은 복수의 개념이 그를 몰아가는 반면에 기독교적 도덕과 그의 성향이 동시에 그에게 자비롭기를 요구하기 때문이다.

이제 희곡의 중요한 문제들은 모두 드러났다. 클로디어스와 결혼함으로써 거트루드는 근친상간의 죄를 범했고, 살해된 남편에 대한 의무를 다하지 못했다. 클로디어스의 죄는 용서받을 수 없다. 클로디어스는 햄릿과 거트루드, 그리고 덴마크 백성들에게 어떻게 잘해 줄 것인가보다 백성들이 자기를 어떻게 보느냐에 더 신경을 쓴다. 한편 거트루드는 왕의 악마적 권위에 이끌려 그의 침대로 간 약한 여자다.

햄릿은 호레이쇼와 마셀러스에게 비밀을 지키도록 맹세시킴으로써 관객들로부터 더욱 지지를 얻는다. 그의 지도력과 호레이쇼에 대한 우정이 두 사람의 충성심을 이끌어낸다. 이 충성심은 햄릿이 그의 성격의 힘으로 얻어낸 보상이다.

인물탐색 햄릿은 호레이쇼에게 왕 앞이나 궁정에서는 미친 척하겠다고 말한다. 그렇게 함으로써 의심을 사지 않고 가장 적절한 복수 방법과 시기를 찾을 수 있기 때문이다. 그런데 여기서 햄릿의 의도가 애매하다. 그의 광증은 가면인가? 거짓인가? 이 의문에 대한 대답이 햄릿의 성격을 규정하는 열쇠가 된다. 햄릿 역을 하는 배우는 그 '꾸밈'이 무엇을 뜻하는지 결정해야 한다. 어떤 연극에서 햄릿은 미친 척한다. 또 어떤 연극에서는 실제로 아주 미쳐 있다. 또 다른 연극에서는 극이 진행될수록 햄릿의 광증이 점점 심해진다. 또 다른 연극에서는 햄릿은 성장하지 못하는, 따라서 살해된 아버지에 대한 의무 등 어른의 짐을 감당할 수 없는 어린아이다. 이처럼 셰익스피어는 일부러 햄릿을 애매하게 남겨둠으로써 그 역의 연기가 다양해지도록 한 것처럼 보인다.

2막 1장

햄릿 왕자님이 실성을

폴로니어스가 교활한 하인 레이날도를 만나 파리로 가서 레어티스를 염탐하라고 이른다. 파리에 사는 덴마크인들을 찾아내 레어티스가 가는 곳과 그에 대한 평판을 알아오라는 것이다. 폴로니어스는 레어티스가 덫에 걸리도록 거짓말을 해도 좋다고 허락한다. 레이날도가 임무를 수행하러 떠난 후, 오필리아가 들어와 왕자 때문에 무서워서 혼났다고 말한다. 햄릿이 오필리아의 바느질 방으로 들어왔는데, 웃옷은 비뚤어져 있었고 단추가 잠기지 않았으며 모자도 쓰고 있지 않았다는 것이었다. 양말은 더럽고 발목까지 흘러내려 있었다. 낯빛은 창백했고 떨면서 '측은한' 표정을 짓고 있었다. 폴로니어스는 햄릿이 오필리아에 대한 사랑 때문에 미쳤다고 판단한다. 오필리아가 아버지의 지시대로 햄릿의 접근을 물리쳤던 것이다. 폴로니어스는 이 소식을 왕에게 전하기로 한다.

T. S. 엘리엇을 비롯한 많은 비평가들은 이 장이 연극 전체와 잘 조화되지 않는다고 생각한다. 하지만 겉모습과 실제는 상치된다는 이 연극의 중심 주제를 반영하고 있다.

2막 1장에서 겉보기에 사랑이 넘치고 자녀교육에 열성

적인 아버지 폴로니어스가 교활한 레이날도를 시켜 레어티스를 염탐하게 한다. 폴로니어스는 레이날도에게 레어티스가 못된 짓을 하고 있는 것 같으니 수단방법을 가리지 말고 비행을 캐내서 보고하라고 한다. 필요하다면 '거짓말을 해도' 되고, 부정적인 보고—진짜든 상상이든—에 대해 보상을 내리겠다고 한다. 그 이유는 아들에게 평판의 중요성을 가르치기 위해서다. 이 만남의 이중성은 극중 내내 폴로니어스가 하는 행동의 특성을 예시한다.

이 장의 후반에는 오필리아가 등장해서 햄릿이 종잡을
수 없는 행동을 하고 있다고 전한다. 그녀는 햄릿의 행
색을 마치 화가가 그림을 그리듯 서술한다.

왕자님은 웃옷의 단추도 채우지 않고,

머리에는 모자도 쓰지 않고, 양말은 더러웠으며,

각반도 하지 않고, 양말은 발목까지 내려와 있었고

낯빛은 셔츠처럼 창백했고 두 무릎이 서로 부딪쳤으며,

표정은 공포에 대해 말해 주려고

지옥에서 풀려난 사람처럼 측은한 표정이었어요.

그렇게 제 앞에 나타났어요.

오필리아의 말을 들은 폴로니어스는 금새 알아챘
다. ―"너에 대한 사랑 때문에 미친 게 아니냐?"― 햄릿의 외
양은 실연당한 연인의 전형적인 모습이었기 때문이다. 이것은
그가 오필리아를 찾아간 중요한 목적이 다른 사람들로 하여금
그의 광증이 어떤 미지의 이유가 아니라 실연 때문이라고 확
신하게 함으로써 왕의 의심을 누그러뜨리려는 데 있음을 보여
준다. 이 장면을 보면 햄릿이 그녀를 전혀 사랑하지 않았고 이
용만 했을 뿐이라는 견해가 신빙성이 있는 듯 보인다. 그렇다
면 햄릿 역시 그가 심판을 내리는 다른 사람들과 마찬가지로
남을 속이는 죄를 범하고 있다고 할 수 있다.

2막 2장

연극

왕과 왕비가 로즌크랜츠와 길든스턴, 그리고 다른 사람들과 함께 등장한다. 클로디어스 왕은 햄릿의 학교 친구 두 사람을 엘시노 성으로 소환, 그들로 하여금 햄릿의 행동을 모조리 염탐해서 보고하도록 한다. 왕비는 후한 보상을 약속하면서 염탐은 햄릿을 위한 것이라고 그들을 안심시킨다. 로즌크랜츠와 길든스턴도 그 말에 동조한다. 두 사람이 햄릿 왕자를 찾으러 나가자, 왕과 왕비는 폴로니어스에게로 주의를 돌린다. 폴로니어스는 햄릿이 실성한 이유를 알아냈다고 주장하고, 클로디어스가 방금 도착한 노르웨이 사절들을 접견한 후 자세한 이야기를 해주겠다고 약속한다.

폴로니어스가 나가자 거트루드는 그 노인의 어림짐작을 질책한다. 그녀는 햄릿의 기이한 행동이 노왕의 죽음과 자신의 재혼 때문이라고 여전히 확신하고 있다. 폴로니어스가 노르웨이 사절인 볼티먼드와 코넬리어스를 대동하고 돌아온다. 그 사절들은 살해된 포틴브라스 왕의 동생인 병든 노왕이 젊은 포틴브라스가 덴마크를 침공하려는 것을 겨우 제지시켰다는 소식을 가지고 왔다. 그 대신 노르웨이의 노왕은 폴란드를 상대로 싸우는 포틴브라스를 도와달라고 요구한다. 폴란드로 진격하는 포틴브라스가 덴마크를 통과하도록 허락해 달라는 것이다.

사절들이 떠나자, 폴로니어스는 삶의 의미와 의무에 대해 장광설을 늘어놓기 시작한다. 그는 이야기를 짧게 줄이겠다고 약속하지만 끝이 없다. 마지막으로 그는 햄릿이 미쳤다고 주장한다. 거트루드가 더 이상 참지 못

하고 그를 책망한다. 다시 이야기를 간단히 하겠다고 약속한 폴로니어스
는 두 팔을 내저으며 딸에게서 빼앗은 햄릿의 친필 편지를 읽는다. 그는
다소 과장된 햄릿의 글에 제멋대로 운을 붙여 읽고는 왕과 왕비에게 자기
가 오필리아에게 왕자의 접근을 받아들이지 말도록 지시했다고 말한다.
그 때문에 가련한 햄릿이 실성했다고 주장한다.

이어 폴로니어스는 오필리아가 왕자에게 받은 선물을 돌려줄 때 자
기와 클로디어스가 벽걸이 장식 뒤에 숨어 두 사람의 대화를 엿들어보는
것이 어떻겠느냐고 제의한다. 클로디어스가 그 제의에 동의한다. 그 때
햄릿이 무언가를 읽으면서 등장한다.

햄릿과 폴로니어스가 우연히 맞닥뜨린다. 햄릿은 폴로니어스에게 딸
을 잘 감시하라고 이르고는 폴로니어스의 모자라는 지능을 조롱한다. 실
상 햄릿의 대답은 폴로니어스를 조롱하는 것에 불과한데도 폴로니어스는
이 대화를 나눈 후 햄릿이 사랑 때문에 병들었다고 확신하게 된다. 폴로
니어스가 나가자 로즌크랜츠와 길든스턴이 들어온다. 햄릿은 그들을 '아
주 좋은 친구들'이라고 맞으면서 왜 그의 감옥으로 왔느냐고 묻는다. 두
사람은 햄릿이 택한 어휘에 불만을 토로하지만, 햄릿은 '덴마크는 감옥'
이라고 말한다. '그렇다면 세상도 감옥'이라고 로즌크랜츠가 재치 있게
대답한다. 햄릿이 두 친구를 다그치자, 왕과 왕비가 햄릿의 행동을 관찰
해서 낱낱이 보고하도록 그들을 보냈다고 인정한다. 햄릿의 우울증이 요
즘 '모든 재미를 잃어버렸다'는 불평으로 터져 나온다. 그는 기분 나쁜 고
약한 안개가 한때는 '황금의 불로 수놓은' 천장처럼 보이던 하늘을 더럽
히고 있다고 한탄하고, 인간의 본성 자체를 고발한다.

로즌크랜츠가 배우들이 도착했다고 알리자 햄릿의 기분이 다시 좋
아진다. 햄릿은 기분을 전환할 기회가 온 것을 기뻐하면서 그 연기자들이

누구이며 왜 떠돌아다니는지 묻는다. 어린 배우들로 구성된 극단이 런던의 무대를 빼앗았기 때문이라고 로즌크랜츠가 대답한다. 햄릿은 그들을 환영하며 잘 보살펴주겠다고 대답한다. 폴로니어스가 배우들의 도착을 알리려고 들어온다.

배우들이 들어오자, 햄릿은 수석 연기자에게 베르길리우스의 〈아에네이드〉에 나오는 대사를 외워보라고 한다. 이 대사는 아에네아스가 디도 왕비에게 피루스의 아버지 아킬레스가 로마에서 살해된 얘기를 해주는 내용이다. 수석 연기자가 그 대목을 연기하고, 헤쿠바가 난자당한 남편의 끔찍한 모습을 보는 장면에서는 눈물을 흘리기까지 한다. 햄릿은 폴로니어스에게 연기자들의 숙소를 마련해 주라고 요청한다. 폴로니어스가 나가자 무대에 남아 있는 배우들에게 〈곤자고 살해〉를 공연하겠다는 계획을 설명한다. 그는 12-16행을 새로 써줄 테니 그 내용을 추가해서 공연해 달라고 말한다. 그들은 그렇게 하기로 응하고 퇴장한다.

이어 햄릿이 〈곤자고 살해〉를 공연하는 진짜 의도를 밝힌다. 연기자들은 유령이 묘사한 살인 장면을 연기하게 될 것이다. 햄릿은 관객들 앞에서 범행 장면이 재연되는 것을 보고 죄책감을 느낀 클로디어스가 햄릿 왕을 살해했다는 사실을 드러내기를 바라고 있다. 만약 클로디어스가 그런 낌새를 보인다면 유령은 진짜이고, 자기 상상력의 산물이나 악마가 아니라는 것을 입증하는 증거가 될 것이다.

거트루드는 장의 서두에서 로즌크랜츠와 길든스턴에게 자기와 클로디어스가 햄릿을 위해 두 사람을 덴마크로 불러들였다고 암시하고 있다. 클로디어스에게는 다른 꿍꿍이가 있을지 모르지만, 로즌크랜츠와 길든스턴을 궁정으로 데려오자고 한 사람은 거트루드이다. 햄릿이 이 두 사람에게 가지는 우정과 존경심 때문에 그렇게 한 것이다. 적어도 극의 이 부분에서는 클로디어스와 거트루드가 햄릿을 위해 두 독일인을 궁정으로 불러들였다고 가정할 수 있다.

그러나 클로디어스는 로즌크랜츠와 길든스턴을 환영하고 '햄릿의 변화'에 대해 크게 걱정하면서 다시 모든 눈이 자기를 향하고 있다는 사실을 인식한다. 셰익스피어는 클로디어스가 로즌크랜츠와 길든스턴을 궁정으로 데려올 때 햄릿을 위한다는 마음 외에 다른 의도가 있음을 암시하고 있지는 않지만, 관객들은 클로디어스가 무슨 일을 할 때면 자기 과시를 염두에 두고 있다는 것을 알고 있다. 두 사람에게 햄릿의 이상한 행동을 모두 보고하라는 그의 요청은 1장에서 레이날도에게 레어티스의 비행을 염탐하라는 폴로니어스의 지시와 비슷하다. 폴로니어스와 클로디어스는 그들의 후계자를 다루면서 불신과 속임수를 드러내고 있는 것이다. 로즌크랜츠와 길든스턴이 왕과 왕비의 청을 받아들이기로 하자, 거트루드는 '왕의 하사금'으로 부끄럽지 않은 넉넉한 보수를 약속한다. 클로디어스는 거트루드를 속이는 데도 성공한 것이다. 그녀는 그가 햄릿 왕자를 사랑하고 있다고 확신하고 있다.

폴로니어스가 클로디어스의 노르웨이 사절인 코넬리어

스와 볼티먼드를 데리고 등장한다. 노인은 왕에게 햄릿 왕자에 관해 거트루드와 왕이 모르는 사실이 있다고 넌지시 말하고, 사절들이 떠난 후 밝히겠다고 함으로써 호기심을 조장한다. 아들에 대한 과보호적인 사랑을 품고 있는 거트루드는 폴로니어스가 자기네들을 도울 수 있다는 데 여전히 회의적이다.

사절들이 클로디어스에게 좋은 소식을 가지고 온다. 기분이 좋아진 왕은 축하파티를 열기로 한다. 여기서 셰익스피어는 또 하나의 거울을 제공한다. 젊은 포틴브라스, 그의 것이 되었을지도 모를 왕위에 오른 삼촌의 충실한 조카는 덴마크에 관대함을 보이라는 삼촌이자 왕의 요청을 받아들인다. 클로디어스는 그의 조카이자 신하인 햄릿이 포틴브라스보다 덜 협조적이거나 덜 자비로울 이유가 없다고 생각하고, 햄릿의 선한 본성을 한껏 이용하려고 한다.

거트루드는 햄릿에 대한 걱정과 이해심을 표현한다. 그녀는 그가 덴마크로 돌아와서 그의 세계가 산산조각 나고 모든 것이 달라진 상황에 느꼈을 충격을 충분히 이해하고 있다. 햄릿의 행동을 염탐하려는 폴로니어스의 계획, 딸에게서 빼앗은 사적인 편지를 공개하는 노인의 행동 역시 거트루드에게는 마음에 들지 않는다. 그녀에게는 아들의 안위가 국가적인 문제보다 중요하다. 그러나 그녀는 폴로니어스의 계획에 동의한다. 햄릿의 광증이 짝사랑의 아픔 때문이라고 밝혀지기를 바라는 것이다. 그렇다면 그 병은 쉽사리 치유될 수 있을 것이다. 이렇게 해서 또 다른 속임수, '멧도요를 잡기 위한' 폴로니어스의 덫이 놓여진다.

인물탐색 거트루드와 오필리아가 그를 잡기 위한 덫을 놓는 공범자가 된다는 사실이 햄릿으로 하여금 여자를 불신하고 이 두 여자를 사랑할 수 없게끔 한다. 햄릿은 미친 척하기 시작한다. 그러나 겉보기에는 절망감으로 실성한 듯 보이지만, 햄릿은 아둔한 폴로니어스의 머리를 혼란스럽게 할 만한 재치 있는 말을 던질 만큼 명민하다. 햄릿은 폴로니어스를 생선장수라고 부르는데 이 말에는 두 가지 뜻이 있다. '생선'은 여인을 암시하는 음탕한 말이다. 따라서 '생선장수'는 여자들의 사랑을 파는 사람, 다시 말해 뚜쟁이를 가리킨다.

햄릿은 날카로운 언어 감각으로 정직함에 대해 빈정거린다. "이런 세상에 정직한 사람이 1만 명에 한 명 꼴이나 될까." 그러면서도 폴로니어스로 하여금 그가 제정신이 아니라고 믿게끔 한다. "그의 대답이 때로는 어쩌면 저렇게 의미심장할까! 미친 사람이 이성과 제정신을 가진 사람보다 더 행복한 법이로구나." 폴로니어스가 퇴장하자 햄릿은 이내 다시 이성을 드러낸다. "이 권태로운 바보들." 그는 폴로니어스가 그가 걱정해야 할 유일한 사람이 아니라는 것을 알고 있다.

로즌크랜츠와 길든스턴이 돌아오자 햄릿은 다시 한 번 명민함을 드러낸다. 그는 그의 '훌륭하고 좋은 친구들'에게 방문 목적을 시인하도록 유도한다. 그는 운명을 창녀라고 부르는데, 이것은 행운과 운명을 우정처럼 돈으로 살 수 있다는 암시다. 그가 그들의 방문이 지닌 이중적인 성격을 이해하고 있다는 것을 입증한다. 그는 꿈의 본질과 인간존재의 모순에 대한 명쾌한 논리를 펼쳐 정신이 온전하다는 것을 더욱 분명하게 드러낸다.

문체 탐색 이 장에는 감옥이라는 표현이 많이 나온다. 햄릿은 '덴마크는 감옥'이라고 말한다. 로즌크랜츠가 '그렇다면 이 세상 역시 감옥'이라고 맞받아치자, 햄릿은 동의하면서 덴마크는 그 중에서 '가장 고약한 감옥'이라고 주장한다.

폴로니어스가 배우들의 도착을 알리자, 햄릿은 다시 폴로니어스의 모자란 지능을 가지고 장난한다. 그러나 폴로니어스는 다시 오필리아의 거절이 햄릿을 미치게 했다는 결론을 내린다.

인물 탐색 연기자가 헤쿠바의 공포를 연기하고 난 후, 햄릿은 자기가 처한 곤경을 스스로에게 털어놓는다. 그는 자신을 삶이라는 연극을 연기하는 배우에 비유한다. 그러나 그는 우울증에 사로잡혀 행동에 나설 수가 없다. 그는 말, 행동이라는 개념에 갇힌 채 앞으로 나아가기를 두려워한다. 피러스 역을 연기하는 배우는 아버지의 살인자를 죽이고, 여인의 슬픔을 다룬 동화를 이야기하는 배우는 진정한 감정을 제대로 표출해 낸다. 햄릿은 살해당한 아버지의 원수를 갚아야 할 배우지만, 연기가 미숙하고 결과가 두려워 행동에 옮기지 못하고 머뭇거리고 있다. 그의 양심이 감정을 질식시키고 있다. 그는 거트루드를 동정할 수 없고, 그녀의 명예를 지켜주라는 유령의 지시를 따를 수 없다. 그는 끊임없는 말장난으로 약해지고 있다. 그러나 그는 말하는 사람이기 때문에 우선 연극의 대사를 이용해서 왕에게 타격을 가하려는 계획을 세운다.

햄릿은 연극을 통해 왕이 양심의 가책으로 스스로 죄를 드러내도록 하겠다는 계획을 밝히는 것으로 장을 끝낸다. 이번에는 미리 계획된 속임수를 쓰는 쪽은 햄릿이다. 거짓된 친구들과 미심쩍은 사랑에 둘러싸인 햄릿이 무대의 솔직한 속임수를 이용해서 진실을 드러낼 기회를 잡은 것이다.

3막 1장

 **줄거리**

사느냐 죽느냐 그것이 문제로다

왕과 왕비가 로즌크랜츠와 길든스턴, 폴로니어스, 오필리아, 그리고 다른 신하들과 함께 들어온다. 클로디어스가 로즌크랜츠와 길든스턴에게 햄릿의 광증에 대해 묻는다. 그는 그들에게 햄릿이 그런 행동을 하게 된 이유를 찾아냈느냐고 묻는다. 로즌크랜츠는 왕자가 정신이 온전치 못하다는 것은 인정했지만, 이유는 말하지 않는다고 대답한다. 두 사람은 햄릿이 곧 공연될 연극에 대해 매우 흥미를 갖고 있다고 보고한다. 클로디어스는 그들에게 햄릿이 그런 일에 흥미를 느끼도록 격려하라고 요구한다. 로즌크랜츠와 길든스턴이 나간다.

클로디어스는 거트루드에게 폴로니어스가 곧 오필리아와 만나게 될 햄릿을 염탐할 수 있도록 자리를 비키라고 이른다. 왕비는 오필리아가 들어오자 햄릿과 오필리아의 깨어진 사랑이 다시 봉합되어 햄릿이 제정신을 찾았으면 좋겠다고 말한다. 거트루드가 퇴장한다. 폴로니어스가 오필리아를 맞으며 책을 읽는 척하라고 지시한다. 그래야 혼자 있는 것이 햄릿에게 이상하게 보이지 않으리란 것이다. 그 말에 따라 오필리아가 책을 들고 기다리고, 두 남자는 숨는다. 햄릿이 '죽느냐 사느냐 그것이 문제로다'라는 독백을 하며 들어온다. 삶의 허무에 대해 생각하던 그는 책을 읽고 있는 오필리아를 발견한다. 햄릿은 오필리아가 기도서를 읽고 있다고 생각하고 자기를 위해 기도해 달라고 청한다. 그녀는 햄릿이 준 선물을 돌려주고 싶다고 말한다. 햄릿은 그녀에게 선물을 준 적이 없다고 대답한

다. 오필리아는 그가 선물을 주면서 그것이 위대한 사랑의 상징인 듯한 말을 했다고 주장한다. 햄릿은 선물을 준 적이 없다고 다시 한 번 부인하고, 그녀를 사랑한 적도 없다고 말한다. 햄릿은 그녀의 정직성을 의심한다. 그녀가 당황하자, 남자는 모두 믿을 수 없는 무뢰한들이라고 하면서 수녀원에 들어가는 것이 좋겠다고 말한다.

햄릿이 느닷없이 그녀의 아버지가 지금 어디 있느냐고 묻자 오필리아가 겁에 질리며 지금 집에 계시다고 거짓말을 한다. 화가 난 햄릿이 그녀를 저주한다. 그는 그녀의 지참금 때문에 재난이 닥칠 것이라고 하며, 수녀원으로 가라고 다시 말한다. 오필리아가 그의 온전치 못한 정신에 대해 불평하자, 햄릿은 여자들은 두 얼굴을 가진 존재로 믿을 수가 없다는 것을 알고 있다고 말한다. 여자들은 모두 내버려도 마땅한 존재들이란 것이다. 그런 다음 그가 자리를 뜬다.

혼자 남겨진 오필리아는 햄릿이 완전히 미쳤다고 한탄한다. 클로디어스와 폴로니어스가 들어와서 엿보고 들은 것을 평가한다. 왕은 사랑 때문에 햄릿의 정신이 이상해졌다는 것을 믿으려 하지 않고, 햄릿을 영국으로 보내겠다고 말한다. 여전히 햄릿의 병이 실연 때문이라고 확신하는 폴로니어스는 광증의 원인을 찾아내기 위해 한 번 더 노력해 보자고 제의하면서, 그날 저녁 늦게 햄릿을 거트루드의 처소로 보내라고 말한다. 폴로니어스가 벽걸이 장식 뒤에 숨어 있는 사이 거트루드는 햄릿을 구슬려서 속마음을 드러내도록 해보자는 것이다. 클로디어스가 그 제안을 받아들인다.

인물 탐색 무대에 등장하면서 던지는 클로디어스의 대사는 두 가지 사실을 드러내고 있다. 첫째, 그는 햄릿이 점점 위협이 되어가고 있음을 인식한다는 점이다. 둘째, 그가 사태를 완전히 장악하고 있고, 따라서 결정적 행동을 할 능력이 있다는 것이다. 그는 행동이라는 생각만 해도 몸이 얼어붙고 마는 햄릿과는 좋은 대조를 이룬다. 클로디어스는 많이 알면 알수록, 더 많이 계산하고 더 많이 행동한다. 햄릿은 많이 알면 알수록, 더 많이 생각하고 말장난만 늘어놓는다. 햄릿의 '심한 광증'이 두 사람을 모두 위험으로 몰아넣는다.

등장인물들은 두 개의 덫을 놓는다. 먼저 클로디어스는 로즌크랜츠와 길든스턴에게 염탐을 계속하게 한다. 두 번째로 오필리아에게 햄릿을 만나도록 일을 꾸민 폴로니어스와 클로디어스는 숨어서 지켜보며 햄릿이 속마음을 드러내게 한다.

클로디어스는 겉으로는 괴로워하는 조카에 대해 깊이 마음을 쓰는 듯 꾸미지만, 독백으로는 양심의 가책을 토로한다. 클로디어스는 서서히 자신의 죄를 드러내지만, 한편으로는 인간적 약점을 노출시킴으로써 동정심을 유발시킨다. 그는 그들이 악마에게 천사의 옷을 입힐 수 있다는 폴로니어스의 말에서 자기가 저지른 죄를 본다. "오, 그 말은 너무나 진실되도다! 그 말은 나의 양심을 때리는 예리한 채찍이로다!" 창녀도 화장을 하면 순진해 보이듯이 그의 추한 행위도 아름다운 말로 위장하면 명예롭게 보인다. 그러나 그는 여전히 죄의 무게를 느낀다. 클로디어스는 햄릿에게 무서운 적임을 드러낸다. 두 사람은 인간의 조건을 교활하고 민감하게 이해하고 있음을 보여주었다. 클로디어스가 권력이라는 이점을 가지고 있다는 점만 제외한다면 그들의 대결은 당분간 막상막하다.

이 장에서 거트루드는 유령이 묘사한 그대로다. 클로디어스의 마수에 걸린 사랑하는 어머니. 그녀는 로즌크랜츠와 길든스턴에게 그들이 우울한 자기 아들을 즐겁게 하려고 애썼느냐고 묻고, 오필리아에게는 그녀의 덕성에 힘입어 햄릿이 제정신을 찾기를 바란다고 진심으로 말한다. 오필리아는 왕비의 말에 대꾸하지 않는다. 관객들은 거트루드가 처녀의 공포를 부채질했다고 짐작할 수 있을 뿐이다.

주제 탐색 햄릿이 '사느냐 죽느냐'라는 독백을 하며 등장한다. 〈영어 이야기〉에서 로버트 맥닐은 "햄릿은 '사느냐 죽느냐 그것이 문제로다'라고 말함으로써 뒤에 전개될 모든 상황을 한 문장으로 요약하고 있다"고 썼다. 많은 학자들은 이 대사를 〈햄릿〉에 나오는 몇 가지 실존주의적 선언 가운데 하나로 보고 있다. (실존주의는 과거와 미래는 불확실하고 인간이 확신할 수 있는 것은 오직 현재뿐이라고 주장한다. 인간에게는 지금의 상태가 유일한 진실이다. 다른 것은 모두 아무것도 아니다.)

이 독백에서 햄릿은 우리는 태어나고 살고 죽는다는 기본 명제를 제시함으로써 존재와 허무의 개념을 탐색하고 있다. 죽었다가 다시 살아나서 죽음이 어떤 것이라고 말해 준 사람이 없으므로 우리는 죽은 뒤의 상황이 어떤지 모른다. 햄릿의 고민은 인간의 보편적인 몇 가지 의문을 담고 있다. 우리는 운명에 영향을 미치려고 노력해야 하는가? 이 큰 슬픔을 억누르고 행동해야 하는가, 아니면 고통 속에서 그냥 허우적거려야 하는가? 우리는 고난에 맞섬으로써 그 고난을 끝낼 수 있는가? 어떻게 그것을 알 수 있는가? 죽음이란 무엇인가? 죽는다는 것은 자는 것인가, 아니면 잠자기를 그치는 것이어서 휴식이 전혀 없는 그런 상태일까?

햄릿은 죽음이 무(無)이기를, 죽음이 '이 육신이 담고 있는 아픔과 수천 가지 고통을 끝장내주기를' 바란다. 죽음이 생각하는 것, 아는 것, 기억하는 것을 없애주기를 바란다. 그러나 그는 죽어서도 삶 자체에 관한 악몽, 두려움과 고통의 기억으로 가득 찬 꿈에 끊임없이 시달리게 될까봐 두렵다. 궁극적으로 그것이 사람들이 죽음을 두려워하는 이유라고 그는 말한다. 우리는 우리의 양심이 영원히 우리를 괴롭힐까봐 두려워한다. 따라서 인간은 주로 미지의 영역인 죽음을 피하기 위해서 고통과 부담이 수반되는 삶을 택하는 것이다. 그러나 죽음은 삶과 마찬가지로 피할 수 없으므로 햄릿은 태어난 것 자체를 저주한다.

햄릿이 처한 곤경이 독백 전체에 숨겨져 있다. 만약 그가 클로디어스를 죽인다면, 분명히 그도 자살하게 될 것이다. 햄릿은 죽을 준비가 되어 있다고 확신할 수 없다. 삶이 그가 알고 있는 전부이고, 미지의 것이 두렵다. 더욱이 다른 인간을 죽음의 고통 속으로 보내는 책임을 감당할 준비가 아직 되어 있지 않다. 그는 이제 밝혀진 살인에 대한 복수를 해야 할 의무를 이해하고 유령의 슬픔을 앙갚음해 주기로 하지만, 클로디어스를 죽이면 영원히 아버지처럼 지상을 떠도는 유령이 될 수도 있다는 것을 알고 있다. 햄릿은 책을 읽고 있는 오필리아를 보고 사색을 끝낸다. 그는 그녀에게 기도할 때 자기를 기억해 달라고 간청한다. 그 말에 그녀가 놀란다. 그녀는 그에게 건강이 괜찮으냐고 묻고, 곧 정신을 차린 다음 말한다.

왕자님, 저는 오래전부터 되돌려주고 싶었던 왕자님의 기억을 지니고 있습니다. 그것들을 받아주십시오.

감시당하고 있다는 것을 눈치 챈 햄릿이 엉뚱한 대답을 한다. 그는 그녀에게 아무것도 준 것이 없으며, 그녀를 사랑한 적도 없다고 주장한다. 그리고는 수녀원으로 가라고 말하는데, 수녀원은 당시 '매음굴'을 지칭하는 은어였다. 그녀가 아버지와 클로디어스를 위해 그런 행동을 하고 있다는 것을 알고 창녀 노릇을 한다고 비난하는 것이다. 햄릿은 이어 극의 전개에 중요한 열쇠가 되는 질문을 던진다. "아버지는 어디 계신가?" 그 이전에 그는 이렇게 물었다. "당신은 정직한가? 공평한가?" 그 질문에 오필리아는 직접 대답하지 않는다. (그는 그녀의 아버지가 방 안에 숨어 있다는 것을 잘 알고 있다.) 오필리아가 "집에 계세요"라고 거짓말을 하자 햄릿이 화를 낸다. 그는 그녀에게 두 얼굴을 가지고 있다고 하면서 모든 여자들이 거짓된 얼굴에 화장을 한다고 비난한다. 오필리아는 그 비난에 어쩔 줄 몰라 하며 그가 완전히 미쳤다고 확신한다.

문학적 장치 오필리아의 대답이 햄릿의 이야기를 비극으로 몰아가는 힘으로 작용한다. 만약 오필리아가 거짓으로 대답하지 않고 아버지가 있는 곳을 밝혔다면, 그녀가 클로디어스가 아니라 햄릿의 편이 되었다면, 그녀가 햄릿에 대한 사랑을 진실로 믿었다면, 그녀는 햄릿이 짊어진 짐을 덜어주었을지도 모른다. 그랬더라면 이 극은 비극이 아니라 사랑이야기가 되었을 것이다. 그러나 여성의 근본적인 부정직함에 대한 그의 믿음—"약한 자여, 그대 이름은 여자이니라"—을 확인해줌으로써, 오필리아는 자신의 운명과 햄릿의 운명을 결정짓고 만다.

클로디어스와 폴로니어스가 놀란 표정으로 숨어 있던 곳에서 나온다. 클로디어스는 여전히 햄릿이 오필리아에 대한 사랑 때문에 미쳤다는 폴로니어스의 주장을 미심쩍어 한다. 그는 햄릿의 광증까지도 의심한다. 속임수의 명수인 그는 햄릿의 겉모습과 속이 다를지도 모른다고 의심하고, 만약 그렇다면 위험한 존재라고 생각한다. 그는 왕자를 영국으로 보낼 계획을 세운다. 햄릿을 구하기 위해서인지 왕비의 환심을 얻기 위해서인지 분명치 않지만, 폴로니어스는 또 하나의 덫을 만들자고 제의한다. 햄릿을 거트루드에게 보내 아들과 단둘이서 작별인사를 하는 사이, 폴로니어스가 숨어서 햄릿이 어머니와 나누는 대화를 엿듣기로 하는 것이다. 폴로니어스는 햄릿이 오필리아에 대한 사랑을 고백할 것이라고 기대한다. 그 이유를 밝히지는 않지만, 클로디어스는 그 계획에 동의한다. 햄릿은 왕과 폴로니어스가 한통속이 되어 자기를 괴롭히고 있다는 것을 알고 있다. 그는 화를 내고 변덕을 부리며 판단력을 완전히 잃고 있다. 폴로니어스의 계략은 빗나갈 수밖에 없다.

 :줄거리

아버지 유령의 말이 사실로

햄릿이 배우들과 만나 연기에 대해 얘기한다. 그는 과장된 연기를 하지 말고 큰 몸짓을 삼가라고 말한다. 그는 그들이 정직하기를, 그리고 사람의 본성을 있는 그대로 표현하고 사실적으로 성격을 묘사해 주기를 바란다. 폴로니어스가 들어와서 왕과 왕비가 연극을 보기 위해 도착했다고 알린다.

사람들이 연극을 보기 위해 모여드는 동안, 햄릿은 호레이쇼에게 연극이 유령의 진위와 클로디어스의 배신을 입증하는 데 어떻게 도움이 될 것인지 설명하고, 왕을 지켜보고 있다가 〈곤자고 살해〉에 나오는 특정 대사에 대한 왕의 반응을 유심히 살피라고 부탁한다. 그리고 연극이 클로디어스가 살인자임을 드러내지 못한다면, 자기는 돌아가신 아버지의 진짜 유령이 아니라 '저주받은 유령'을 본 것으로 생각하겠다고 약속한다. 햄릿의 충직한 친구 호레이쇼는 햄릿의 지시를 충실히 따르겠다고 다짐한다.

궁정의 신하들이 들어오자, 클로디어스는 햄릿을 맞으며 기분이 어떠냐고 묻는다.

햄릿은 묘한 대답을 하고, 이어 폴로니어스와 몇 마디 말을 주고받는다. 폴로니어스는 자기가 학생시절에 브루투스에게 살해당하는 카이사르 역을 했다고 자랑한다. 햄릿이 폴로니어스를 조롱한다. 그러나 그 말이 미처 끝나기도 전에 거트루드가 아들에게 옆자리를 권한다. 햄릿은 응하지 않고 대신 오필리아의 발 옆에 눕기로 한다. 그는 무언극이 시작되기 전에 오필리아에게 무슨 말을 하지만, 그녀는 햄릿이 즐거워서 그런 미친 행동을 한다고 오인한다. 무언극이 진행된다. 한 남자가 정원에서 잠자고 있는 왕을 살해한다. 처음에는 왕의 죽음을 애도하던 그의 아내가 찬탈자와 결혼하고 찬탈자는 스스로 왕위에 오른다.

무언극이 끝나자 배우들이 연극을 시작한다. 연극은 무언극과 똑같은 내용이다. 극중의 왕비가 왕이 죽어도 결코 재혼하지 않겠다고 선언하면서 1부가 끝나고 중간 휴게시간이 이어진다. 햄릿이 그 틈을 타서 거트루드에게 연극을 어떻게 생각하느냐고 묻는다. 거트루드는 재미있다며, 다만 "왕비 역이 맹세를 너무 많이 한다"고 대답한다.

클로디어스가 햄릿에게 연극의 제목을 묻자, 〈쥐덫〉이라고 답하고, 비엔나에서 실제 있었던 살인사건을 다룬다고 말한다. 그가 연극의 내용을 설명하자 오필리아가 햄릿의 이야기 솜씨가 훌륭하다고 칭찬한다. 햄릿은 거친 말장난을 하며, 만약 오필리아와 그녀의 연인을 지켜볼 수 있다면 그들의 행위를 해설할 수도 있을 것이라고 말한다. 오필리아가 너무 잔인하다며 비난하자 햄릿은 또 다른 성적 암시로 응수한다. 자신의 성적 충동을 달래려면 그녀가 열심히 노력해야 할 것이라고 말하자, 오필리아가 웃으면서 자기보다는 재치가 있지만 무례하다고 말한다. 햄릿은 여자들은 좋건 싫건 남편을 받아들인 후 속인다고 말한다.

극중 왕의 조카인 루시아누스가 자고 있는 왕의 귀에 독약을 쏟아 붓자, 햄릿은 살인자가 곧 죽은 왕의 미망인으로부터 사랑을 얻게 될 것이라고 설명한다. 클로디어스가 일어나서 불을 밝히라고 소리친다. 폴로니어스가 그 명령을 되풀이하면서 연극을 중단시킨다. 왕과 신하들이 퇴장하고, 햄릿과 호레이쇼가 남아 이야기를 나눈다. 두 사람은 왕의 반응이 햄릿 왕의 살해에 연루되었음을 드러내고 있다는 데 의견을 같이한다. 햄릿은 유령의 말이 사실임을 확신한다고 말한다.

로즌크랜츠와 길든스턴이 들어와서 햄릿에게 왕이 기분이 상했으며, 햄릿이 자기 거처로 왔으면 한다는 왕비의 말을 전한다. 햄릿이 왕비의 뜻에 따르겠다고 약속한다. 연기자들이 피리를 들고 나타나자 햄릿은 그 틈을 타서 길든스턴의 남자다움에 대한 음탕한 암시를 하며 정직하지 못하다고 책망한다. 폴로니어스가 들어와서 햄릿에게 어머니에게 가보라고 말한다. 그는 존재하지 않는 형상이 보이는 것처럼 꾸미면서 폴로니어스를 조롱한 다음, 혼자 있도록 모두들 나가라고 요구한다.

햄릿은 혼령과 귀신들이 지옥에서 나와 그들의 '독소를 세상에' 퍼뜨리는 어두운 밤이 왔음을 알아차린다. 밤이라는 시간과 저녁에 있었던 사건들에 자극을 받은 햄릿은 의무가 요구하는 과업을 '잔혹하게' 수행할 준비가 되어 있다고 주장한다. 먼저 그는 어머니에게로 가서 그녀를 책망할 생각이지만 해를 끼치지는 않을 것이다. 이어 자신의 말이 자신의 영혼과 싸우고 있다고 자책한다.

비평가들은 2장을 〈햄릿〉보다는 셰익스피어의 연극 세계를 들여다볼 수 있는 장으로 생각한다. 처음 50행은 셰익스피어가 배우라는 직업을 어떻게 해석하는지, 배우들에게 무엇을 기대하는지를 보여준다. 우리는 그가 과장된 연기 ― 연기자들이 '공기를 가르는' 것 같은 큰 몸짓과 과장된 동작, 고함을 지르듯이 대사를 읽는 연기 ― 보다는 자연스러운 연기를 선호했다는 것을 알고 있다. 또 그가 배우들이 대본에 충실히 따르기를 바랐다는 것도 알 수 있다.

연기에 대한 초보적인 해설 외에 2장은 또한 햄릿의 심리적·정서적 상태를 많이 드러내고 있다. 아직도 말에 갇혀 있고 무대와 연기, 꾸밈에 둘러싸여 있는 햄릿은 비록 잠시지만 자기 세계를 연출한다. 그는 연극이 매우 사실적으로 연출되어야 한다고 역설한다. 그래야 극중의 살인행위를 보고 클로디어스가 자기 모습을 떠올릴 것이기 때문이다. 배우들의 연기가 자연스럽지 못해서 너무 순화되거나 잔인해지면, 클로디어스는 그 비극을 단순한 멜로드라마로 치부해 버릴 것이다. '회오리바람 같은 격정'은 진정한 감정을 부정할 것이고, 그렇게 되면 클로디어스의 양심은 가책을 받지 않을 것이다.

인물탐색 햄릿이 배우들에게 내리는 지시는 또한 그가 미친 척하는 연기를 아주 훌륭하게 해낼 각오가 되어 있음을 보여주는 역할도 한다. 햄릿은 분명히 배우의 감성을 지니고 있고, 배우가 훌륭한 연기를 하려면 그 인물에 동화되어야 한다는 것을 이해하고 있다. 바로 햄릿의 이런 점이 사람들이 가장 자주 던지는 질문 ― 그는 정말로 미쳤는가, 아니면 미친 척하고 있는 것인가? ― 에 대한 하나의 답변이 될 수 있을지도 모른다. 이 장은 햄릿이 자기 역할에 너무 푹 빠져 자신을 잃어버리고 그 역할이 되었을지도 모른다는 점을 분명히 제시하고 있다. 처음에는 미친 연기를 했지만, 나중에는 정말로 미쳐버렸다는 것이다.

우리는 햄릿이 배우들에게 내린 지시를 제3의 각도에서 볼 수도 있다. 햄릿은 속임수와 배반의 세계에서 이성과 주의력을 발휘해 맹목적인 격정에 빠지지 않아야 한다는 것을 인식한다. 그럼으로써 미적거리며 아버지의 복수를 뒤로 미루는 행동을 정당화시킬 수 있는 것이다. 그는 성벽에 나타났던 유령이 지옥에서 온 악마가 아니고 정말로 아버지의 망령임을 다시 한 번 확인해야 한다. 그래서 '격정의 노예'가 아닌 호레이쇼에게 계획을 얘기하고 왕의 반응을 지켜보라고 부탁한다. 유령의 정체를 밝히는 일은 매우 중요하다. 만약 그 유령이 악마로 판명되면, 클로디어스에게 죄가 없을지도 모른다는 햄릿의 최악의 우려가 사실로 확인되는 것이다.

기다리는 동안, 클로디어스가 햄릿의 건강에 대해 묻는다. 햄릿은 미친 사람의 말투로 대답한다. 클로디어스는 햄릿의 대답을 듣고 대꾸를 제대로 하지 못한다. 폴로니어스는 대학시절에 카이사르의 역을 했다고 떠벌임으로써 주의를 끈다.

햄릿은 오필리아 옆에 앉아 그녀의 무릎에 머리를 얹어 놓겠다고 한다. 여러 사람 앞에서 그런 청을 하는 것은 예의에 어긋나지만, 이런 청을 한다는 것은 두 사람 사이가 지금까지 알려졌던 것보다 더 가깝다는 것을 암시한다. 오필리아는 햄릿이 보이는 관심에 기분이 좋아진 듯 말한다. "왕자님, 오늘은 기분이 좋으시군요." 그러자 햄릿의 빈정거리는 태도가 다시 나타난다. 그는 또 어머니를 비난하고, 다시 한 번 모두에게 미쳤다는 확신을 준다.

"왕자님, 이건 뭐죠?" 하고 오필리아가 묻는 것으로 보아 관객들은 무언극을 예상하지 않았다는 것을 알 수 있다. 〈햄릿〉이 처음 제작될 무렵에는 비극 전에 무언극을 먼저 하는 관례는 이미 사라지고 없었다. 셰익스피어가 무언극을 삽입시킨 데 대해 비평가들은 갖가지 견해를 피력한다. 셰익스피어는 아마도 무언극을 삽입함으로써 연극과 연극 속 연극이 확연히 차이가 날 것이라 생각했을 것이다.

무언극이 끝나고 대사가 있는 연극이 이어진다. 클로디어스는 극중의 왕이 형의 귀에 독약을 쏟아 부을 때까지는 침착하게 연극을 관람하지만 살해 장면이 연출되는 순간, 벌떡 일어나서 신하들에게 "불을 밝히라"고 소리친다. 왕이 햄릿이 쳐놓은 〈쥐덫〉에 걸린 것이다. 이제 햄릿은 임무를 수행해야 한다. 그가 아버지의 죽음에 복수해야 한다는 것은 호레이쇼도 알고 있다. 또 이제 궁정의 모든 신하들이 선왕(先王)의 죽음에 모종의 흑막이 있는 것 같다고 의심하게 되었으므로 그가 아무런 조치도 취하지 않는다는 것은 사내답지 못한 행동이다. 햄릿은 즉시 결정적인 행동을 취해야 한다.

문체 탐색 그러나 여전히 햄릿은 말만 늘어놓는다. 그는 로즌크랜츠와 길든스턴에게 클로디어스의 뒤를 이어 자기가 왕위에 오르는 문제에 대해 얘기하고, 결국 거트루드를 찾아가기로 한다. 그러나 가기 전에 다시 말을 늘어놓는다. 그는 또다시 자정을 맞았다면서 요사스러운 어둠이 그를 피에 굶주리게 하고, 그로 하여금 결정적인 행동을 하고 싶게 만든다고 말한다. 그러나 관객들은 더 잘 알고 있다. 햄릿은 아직도 행동에 옮길 준비가 되지 않은 것이다.

3막 3장

 **줄거리**

클로디어스를 없앨 절호의 기회가

햄릿이 그의 목숨과 왕권에 위협이 될 것을 염려한 왕은 로즌크랜츠와 길든스턴을 불러 서둘러 햄릿을 데리고 영국으로 가라고 지시한다. 클로디어스에 대한 위협은 덴마크 백성들에 대한 위협이라고 생각한 그들은 왕의 지시를 따르기로 하고, 햄릿을 덴마크 밖으로 데리고 나감으로써 나라를 안전하게 하겠다고 다짐한다. 그들이 나간 후 폴로니어스가 들어와 왕에게 햄릿이 거트루드에게 가고 있으며, 자기가 그 방에 숨어서 두 사람의 대화를 엿들을 계획이라고 알려준다. 폴로니어스는 왕이 잠자리에 들기 전에 들은 바를 보고하겠노라고 약속하고 나간다.

클로디어스가 제단 앞에서 기도를 올린다. 그는 자기 죄가 너무 커서 기도를 올릴 수 없다고 하면서, 신 앞에 '형을 살해함'으로써 '가장 무서운 저주'를 면할 수 없게 되었다고 고백한다. 그는 그릇된 행동으로 얻은 전리품을 포기할 생각이 없기 때문에 회개가 받아들여질 수 없으리라고 스스로 인정하고, 무릎을 꿇고 마음을 순화시켜 용서를 구할 수 있게 도와달라고 간청한다.

햄릿이 들어와서 클로디어스가 기도하는 것을 본다. 그는 클로디어스를 죽일 절호의 기회라고 생각하지만, 자제한다. 그는 클로디어스가 회개할 기회도 주지 않고 햄릿 왕을 죽였기 때문에 아버지가 지금 천국에 올라가지 못하고 연옥에서 헤매고 있다는 사실을 기억한다. 클로디어스가 용서를 구하는 기도를 하고 있다고 생각한 햄릿은 지금 죽이면 그가 곧장 천국으로 갈 것이고, 그렇게 되면 응당 받아야 할 영원한 벌을 면하게 될 것이라고 생각한다.

이 장의 첫머리에서 클로디어스의 인격에 대한 모호함은 사라져버린다. 그는 햄릿을 적으로 확인하고 서둘러 영국으로 보낼 음모를 꾸민다. 그리고 폴로니어스와 함께 햄릿의 행동을 다시 한 번 염탐하기로 모의한다. 그런 다음 잠자리에 들기 전에 기도를 올리면서 자기가 지은 죄가 크다는 것을 고백한다. 그는 자신을 최초의 살인자 카인에 비유하고 신의 자비를 구할 자격이 없다고 인정한다. 클로디어스는 왕위를 넘겨줄 생각도, 거트루드를 포기할 생각도 없다. 그는 자기가 지옥에서 헤어나지 못하리라고 예상한다.

햄릿이 들어온다. 왕은 등을 돌린 채 무릎을 꿇고 있다. 햄릿은 칼자루에 손을 대지만 다시 망설인다. 기독교 신자인 그는 왕이 지금 기도를 올리며 죄를 고백하고 있다는 것을 알고 있다. 참회하고 있을 때 죽이면 영혼이 정화되어 그는 곧장 천국으로 가게 될 것이다. 햄릿은 그를 지옥으로 보내고 싶어 다음 기회에 죽이기로 한다.

일부 비평가들은 햄릿이 여전히 자신을 기만하는 말장난을 하며, 마음이 흔들리고 있다고 생각한다. 사실 이 순간은 매우 중요하다. 만약 햄릿이 말장난으로 후퇴하지 않고 그대로 행동했다면, 그 후에 죽게 되는 여섯 명의 생명을 구할 수 있었고, 무엇보다도 이 비극적인 주인공이 죽음을 면할 수 있었을지도 모른다. 그러면, 물론 연극은 여기서 끝나고 비극도 성립되지 않았을 것이다. 햄릿이 이 대목에서 클로디어스를 죽였다면, 무고한 왕을 죽인 맥베스와 닮은 인간이 되었을 것이다. 맥베스는 그의 말을 빌리면 "잠을 죽였다." 즉 아무런 보호도 받지 못하는, 자기에 대한 공격을 전혀 눈치 채지 못한 왕을 죽인 것이다. 그렇다면, 햄릿은 주인공이 아니라 악한이 되고 만다. 클로디어스는 햄릿의 인격을 지켜주기 위해 살아남는 것이다.

폴로니어스를 죽이다

약속한 대로 폴로니어스가 햄릿보다 먼저 거트루드의 방으로 들어와서 장막 뒤에 숨는다. 그는 거트루드에게 아들을 매우 퉁명스럽게 대하라고 이른다. 햄릿이 들어온다. "어머니, 또 무슨 일이죠?" 거트루드는 그가 아버지, 즉 클로디어스의 감정을 몹시 상하게 했다고 말한다. 햄릿은 그녀(어머니)가 아버지, 즉 햄릿 왕의 감정을 몹시 상하게 했다고 응수한다. 햄릿이 거트루드를 위협하자 그녀가 햄릿이 자기를 죽이려 한다며 고함을 친다. 그 소리를 들은 폴로니어스가 장막 뒤에서 도움을 청하는 고함을 지른다. 햄릿이 칼을 뽑아 장막을 찔러 폴로니어스를 죽인다. 장막을 들어 올린 햄릿은 폴로니어스의 시체를 발견하고, 그 시신을 향해 자기는 왕을 찌르는 줄 알았다고 말한다. 다음에 그는 다시 거트루드에게 고개를 돌려, 그녀의 면전에 클로디어스와 아버지의 초상화를 들이대고 햄릿 왕의 잘생긴 얼굴과 용기를 지적하며 클로디어스를 햄릿 왕의 귓속의 염증에 비유한다. 그가 거트루드에게 음탕하다고 비난하자 거트루드는 제발 혼자 내버려두라고 애걸한다.

햄릿 왕의 유령이 다시 나타나지만 햄릿에게만 보인다. 햄릿은 유령이 '복수하라는 명령'을 실행에 옮기지 않고 미적거리는 아들을 질책하러 왔다고 생각하지만 어머니를 보호하기 위해 나타난 것임을 알게 된다. 유령은 아들에게 어머니에게 더 친절하게 굴라고 이른다. 거트루드는 아들이 미쳐서 헛것을 보고 있다고 확신한다. 햄릿은 그녀에게 자기를 괴롭히

는 것은 광증이 아니라고 말하고, 자기와 하늘에 대해 죄를 고백하라고 간청한다. 그는 최소한 클로디어스와 잠자리를 같이하지 말고 '그 저주받은 손가락이 당신의 목을 애무하지' 못하게 하라고 말한다.

햄릿은 거트루드에게 클로디어스가 자기를 영국으로 보내려 하는 것을 알고 있느냐고 묻는다. 거트루드는 그 사실을 잊고 있었다. 그는 로즌크랜츠와 길든스턴을 믿지 않는다며, 그들이 자기를 영국으로 데려가는 것은 그곳에서 클로디어스의 어떤 사악한 명령을 수행하려는 것이 틀림없다고 말한다. 거트루드가 그 추방에 대해 알고 있다고 고백한다. 햄릿은 어머니에게 작별을 고하고, 폴로니어스의 시체를 끌고 퇴장한다.

풀어보기

클로짓(closet)은 사실(私室)이고 침실은 손님들을 맞기 위한 방이었음에도 불구하고, 19세기 후반까지는 햄릿과 거트루드 사이의 이 장면을 침실에서 연출하는 것이 관례였다. 이 장면은 침실보다는 사실에서 연출하는 것이 어머니와 잠자리를 같이하고 아버지를 죽인 그리스 비극의 주인공 오이디푸스를 닮은 햄릿의 프로이트적 정신분석에 걸맞는다. 거트루드가 햄릿을 사실로 끌어들였다면, 그녀는 그를 아들보다는 은밀한 관계에 있는 남자로 대한 것이 된다.

이 장면이 나오기 전까지는 관객들은 셰익스피어가 어머니에 대한 부자연스럽고 근친상간적인 사랑을 지닌 왕자를 그렸다는 인식을 거부할 수 있다. 거트루드가 클로디어스와 결혼한 데 대한 햄릿의 병적 거부감을 가정의 명예에 대한 르네상스적 개념과 두 사람의 결혼이 근친상간이라는 생각 때문이라고 추측할 수 있다. 그러나 이 장에 나타나는 햄릿의 행동은 거트루드에 대해 프로이트적 애착을 가지고 있었기 때문이라고 해석할 수밖에 없다.

왕립셰익스피어극단의 1947년 공연과 1947년에 나온 영화에서 로렌스 올리비에는 햄릿이 어머니에게 품고 있는 온당치 못한 사랑을 분명히 표현했다. 영화에서 올리비에가 햄릿 역을 맡고 그의 아내가 거트루드 역을 맡았는데, 그는 거트루드의 침대에 공단을 깔고, 아들을 기다리는 왕비도 공단과 비단 옷을 입도록 했다. 두 사람은 전희(前戱)를 연상케 하는 말을 주고받고, 햄릿은 마치 성관계를 하듯 자기 몸으로 어머니를 누른다. 잠시 후에 클로디어스가 거트루드는 "그의 표정을 보고 살다시피 한다"고 하는 말, 또 아버지의 죽음에 대한 햄릿의 멜로드라마적인 반응은 둘 사이의 깊은 감정에 기인한 것으로 보아야 이해가 가능하다.

폴로니어스는 장막 뒤에 몸을 숨기고 거트루드와 아들 사이에 어떤 대화가 오가는지 엿듣는다. 감정이 북받친 햄릿이 거울을 들고 "이 거울에 어머니의 깊은 속을 비쳐보라"면서 위협하자, 겁에 질린 거트루드가 아들이 자기를 죽이려 한다고 생각하고 도움을 청한다. 그러자 숨어 있던 폴로니어스가 정체를 밝히지 않은 채 반응한다. 거트루드와의 만남으

로 격정에 빠지고 성적인 긴장으로 제정신이 아닌 햄릿이 폴
로니어스를 칼로 찌른다. 이 순간까지 자제하던 햄릿이 마침
내 충동적으로 유혈극을 연출하고 만 것이다. 프로이트적 해
석에 따르면, 초점이 어긋난 성적 감정을 보상하려는 욕구가
그로 하여금 생각을 멈추고 기분전환을 위한 행동을 하게 만
들었다고 한다. 얄궂게도 폴로니어스는 햄릿을 덫으로 잡으려
고 숨어 있다가 오히려 덫에 걸리고 만다. 그는 조용히 하겠다
고 말했는데 정말로 조용해진 것이다.

거트루드에게는 유령이 보이지 않는다는 사실이 햄릿
이 제정신이냐 아니냐의 문제를 다시 제기한다. 셰익스
피어가 거트루드는 유령을 보지도 듣지도 못하게 설정한 것은
햄릿이 미친 척하는 것이 아니라 정말로 미쳤음을 드러내려
한 것이라는 해석이 가능하다. 물론, 이 장면을 거트루드에 대
한 고발로 해석할 수도 있다. 즉 자신의 죄 때문에 유령을 보
기를 거부하는 것이다. 거트루드의 검은 마음이 시각을 마비
시켜 사랑하는 남편을 볼 수 없게 만든 것이다. 또 보고도 못
본 척한다고 해석할 수도 있다. 그리고 거트루드의 무죄를 입
증하는 또 하나의 증거로 해석할 수도 있다.

이 장까지는 햄릿 왕의 살해에 거트루드가 공모했는지
를 판단하기 어려웠으나 그녀는 자기가 무죄임을 암시한다.
거트루드가 폴로니어스의 죽음을 보고 공포에 질리자 햄릿이
어머니를 몰아붙인다.

잔혹한 짓이로구나! 훌륭한 어머니가 왕을 죽이고
그의 동생과 결혼한 것만큼이나 나쁜 행동이로구나.

그녀는 결백한 사람처럼 놀라며 응수한다. "왕을 죽인
것만큼?" 이어서 그녀는 묻는다. "내가 무슨 짓을 했다구? 어
떻게 감히 내게 그런 무례한 말을 할 수 있느냐?"

만약 그녀에게 죄가 있다면, 그녀 역시 완벽한 배우다.
여러 정황으로 보아 유령이 전에 햄릿에게 한 말은 사실인 듯
싶다. 즉 그녀는 추종자에 불과하다. 사랑받고 보살핌을 받고
싶은 욕구에 세뇌된 약한 여인인 것이다. 따라서 그녀는 햄릿
의 그런 행동을 자기를 해치려는 것으로밖에 달리 해석할 수
없다. 거트루드는 햄릿이 클로디어스를 '살인자이며 악한'이
라고 주장할 때 미심쩍어한다. 햄릿이 클로디어스와 잠자리를
같이하지 말라고 해도 왕의 곁을 떠나겠다는 약속을 하지 않
는다. 그러나 클로디어스에게 죄가 없다는 것을 햄릿에게 확
신시키려 하지도 않고, 클로디어스와 결혼한 이유를 설명하려
고 하지도 않는다.

이 장의 끝부분에서 햄릿은 어머니의 사랑을 시험이라
도 하려는 듯 거트루드에게 클로디어스가 로즌크랜츠와 길든
스턴을 시켜 자기를 영국으로 데려가도록 하는 데 어떤 음모
가 숨어 있는 것 같다고 말한다. 그는 친구들을 신용하지 않
는다면서 두려움을 털어놓는다. 거트루드는 그 일에 대해 생

각해 보겠다고 하면서 햄릿이 떠나도록 내버려둔다. 속임수와 연기가 지배하는 세상에서 정직성을 판단한다는 것은 쉬운 일이 아니다. 모호함이 거트루드라는 인물을 신비에 싸인 존재로 만든다. 거트루드는 매우 어려운 배역으로 정평이 나 있다.

햄릿은 아버지의 뜻에 즉시 따른다. 유령이 진짜이든 그의 상상력의 산물이든 간에, 노왕은 햄릿의 관심을 거트루드로부터 복수로 옮겨가게 만든다. 햄릿은 다정하게 거트루드에게 작별을 고한다. 그는 "안녕히 주무세요"라는 말을 다섯 번 반복하고 그녀의 평안을 기원한다. 그는 살해된 노인에 대한 의무 때문이 아니라 어머니를 편안하게 해주기 위해 시체를 끌고 나간다.

4 막 1 장

햄릿을 추방할 절호의 기회가

　　로즌크랜츠와 길든스턴을 대동하고 나타난 클로디어스가 거트루드를 발견하고 햄릿의 행방을 묻는다. 거트루드가 왕과 단둘이 있고 싶다고 말한다. 로즌크랜츠와 길든스턴이 나가자 그녀는 왕에게 끔찍한 일을 보았노라고 말한다. 클로디어스가 무슨 일이냐고 묻자 그녀는 아들을 보호해 달라고 요구한다. 이어 햄릿이 아주 미쳤으며, 폴로니어스를 죽였다고 대답한다. 하마터면 그 장막 뒤에 숨어 있을 뻔했던 클로디어스는 햄릿의 난폭한 행동을 한탄하고, 처음부터 햄릿에게 더 엄하게 대하지 못한 것을 자책한다. 거트루드는 햄릿이 자신의 행동을 후회하고 있으며 시체를 잘 처리하겠다고 약속했다고 말한다.

　　왕은 하루 빨리 햄릿을 추방하기로 결심하고 로즌크랜츠와 길든스턴을 불러 무슨 일이 일어났는지 설명하고 햄릿을 데려오라고 말한다. 왕은 거트루드에게 그들의 가장 현명한 친구들에게 이 사실을 털어놓아 의심을 사지 않고 폴로니어스의 죽음을 발표하는 방도를 찾아내야 한다고 말한다.

인물 탐색 거트루드는 양다리를 걸치는 모호한 태도로 일어난 일을 설명한다. 그녀는 정말로 햄릿이 이성을 완전히 잃어버렸다고 믿는가? 그녀는 클로디어스의 죄에 관해 햄릿이 폭로한 비밀, 그녀가 햄릿 왕의 살해에 대해 약속한 비밀을 지키고 있는 것일까? 그녀가 전부터 왕을 죽인 범행에 대해 알고 있었는지, 왕좌를 차지하려는 그 음모에 가담했는지는 여전히 분명치 않다. 햄릿을 보호하려는 거트루드의 태도 역시 애매하다. 그녀는 적극적으로 아들을 지키려 하지 않고 햄릿이 '보이지 않는 노인'을 죽인 경위를 지나칠 정도로 상세히 설명한다. 햄릿이 로즌크랜츠와 길든스턴을 신임하지 않는다는 사실을 알면서도 왕에게 아들을 영국으로 데려갈 다른 사람들을 골라보라고 청하지도 않는다.

클로디어스는 그 보고에 대한 자신의 반응이 어떤 결과를 가져올지 잘 알고 있다. 그는 햄릿의 건강상태를 묻지만 실상은 자신의 안전을 무엇보다 걱정하고 있다. 그는 즉각 행동을 취한다. 그는 두려움을 느끼며, "그가 자유롭게 돌아다니는 것은 모두에게 위협이 된다"고 말한다. 그러나 그는 두려움을 감추고 오로지 조카의 안위만을 걱정하는 척하고, 지금까지는 사랑으로 햄릿을 보호해 왔지만 더 이상은 불가능할 것이라고 말한다. 그는 햄릿을 영국으로 보내고 백성들에게는 그가 미쳤다고 말하기로 한다. 햄릿이 폴로니어스를 죽인 사실이 결과적으로 클로디어스에게 이롭게 작용하게 된 것이다. 햄릿은 벌을 받아야 한다. 모든 덴마크 사람들이 정당한 왕세자로 그를 사랑하고 희망을 걸고 있지만, 왕은 이제 의심을 사지 않고 거트루드를 자극하지도 않으면서 왕자를 추방할 수 있게 된 것이다. 거트루드 역시 햄릿이 덴마크를 떠나야 한다고 생각하기 때문이다.

4막 2장

친구들을 경멸하는 햄릿

로즌크랜츠와 길든스턴이 마침내 왕자를 발견하고 폴로니어스를 어떻게 한 거냐고 묻는다. 햄릿은 수수께끼 같은 대답으로 그들을 어리둥절하게 만든다. 햄릿은 두 사람에게 궁정의 줏대 없는 기생충 같은 자들과 정보를 공유하는 것은 왕자인 자기가 할 일이 못 된다고 말한다.

햄릿은 마침내 로즌크랜츠와 길든스턴에 대한 경멸감을 명백하게 드러낸다. 그는 그들과 그들이 섬기는 왕을 좋아하지 않는다고 하면서 왕을 '그 물건'이라고 지칭하고, 친구들을 가장 더러운 기생충이라고 부른다. 왕이 로즌크랜츠와 길든스턴을 시켜 자기 주위를 맴돌면서 일거수일투족을 감시하도록 하고 있다는 것이다. 클로디어스는 그들이 햄릿의 의도를 탐지할 수 있는 한 이용해 먹겠지만, 스폰지를 짜듯이 쥐어짜서 결국 그들을 바짝 마르게 할 것이라고 말한다.

셰익스피어는 이 장을 로즌크랜츠와 길든스턴의 얄팍한 기지를 보여주는 기회로 삼고 있다. "왕자님, 무슨

말씀을 하시는지 모르겠습니다” 하고 그들이 말하자 햄릿은 “악랄한 말은 어리석은 귀 안에서 잠잔다”고 말함으로써 두 사람의 지능을 무참히 모욕하고 있다. 그들의 나쁜 머리로는 햄릿의 반어적이고 냉소적인 언어를 이해할 수 없다.

4막 3장

폴로니어스의 시체는 어디에

여러 신하들이 모인 자리에서 클로디어스는 햄릿이 백성들에게 인기가 높기 때문에 그를 감옥에 넣을 수 없다고 설명한다. 폴로니어스를 죽인 죄로 자기가 햄릿을 벌한다면 틀림없이 폭동이 일어날 것이므로 그를 추방할 생각이라고 말한다.

로즌크랜츠가 들어와서 햄릿이 폴로니어스의 시체를 어디에 두었는지 말하지 않는다고 보고한다. 뒤이어 길든스턴과 경비병들이 햄릿을 데리고 들어온다. 클로디어스가 폴로니어스의 시체가 있는 곳을 묻는다. 햄릿은 다시 클로디어스에게 말장난을 하고, 썩어가는 살과 부패한 죽음의 이미지로 그를 비웃는다. 무덤 속에서 왕을 먹은 벌레를 물고기가 먹고, 그 물고기를 어부가 먹으니 사람은 누구나 거지의 창자 속으로 들어갈 수도 있다. 또 사자(使者)를 천국으로 보낸다 해도 그 노인은 찾지 못한다. 차라리 지옥에서 찾아보는 편이 낫겠지만 아직 도착하지 못했을 것이다. 한 달쯤 지나 냄새가 '계단을 올라와 넓은 복도에' 진동하면 시체 있는 곳을 알게 될 것이다. 종자(從者)들이 폴로니어스의 시체를 찾으러 나가자 클로디어스는 햄릿에게 그를 영국으로 태우고 갈 배가 대기하고 있다고 말한다.

햄릿이 경비병들과 함께 퇴장하자마자, 왕은 왕자를 신속하게 흔적 없이 처치하도록 영국에 부탁해 놓았음을 독백으로 밝힌다. 자기에게 신세를 진 영국 왕에게 햄릿을 죽이라고 부탁한 것이다.

인물탐색 햄릿이 폴로니어스의 시체가 있는 곳을 놓고 로즌크랜츠, 길든스턴, 클로디어스와 고양이와 쥐 놀이를 벌이는 이유에 대해 비평가들은 갖가지 이론을 제시한다. 햄릿의 광증은 재미있기도 하고 혼란스럽다. 햄릿은 잔인하고 무정하다. 그는 여러 사람을 고문하면서 그것을 즐기는 듯이 보인다. 짓궂고 잔인한 행동은 햄릿의 영웅적인 면모와는 전혀 걸맞지 않는다. 사실 햄릿은 이 장에서 영웅적인 것과는 거리가 먼 특성을 드러내고 있다. 또한 죽음의 공포에 매료되어 있음을 드러낸다. 죽음과 대면할 준비가 되어 있지 않은 그는 말 속에 자신을 더욱 깊숙이 가둠으로써 클로디어스를 죽여야 하는 의무를 회피하려 한다. 폴로니어스를 죽임으로써 최소한의 행동을 보였으므로 자신을 더 몰아붙일 필요가 없는 것이다. 햄릿은 혼동스럽고 공포에 질리고 갈등에 시달리는 것처럼 보인다.

문체탐색 왕 앞에 모인 신하들은 폴로니어스의 죽음을 알게 되고 왕은 햄릿의 처리 방법을 밝힌다. 햄릿은 벌레·고기 모티프를 설명한다. 이 말은 셰익스피어가 이 희곡에서 몇 차례 반복해서 사용하고 있다. 이 모티프가 햄릿의 머릿속을 채우고 있는 듯하기 때문이다. 이 모티프는 더럽고 끔찍하며 햄릿의 신랄한 재치가 번득인다. 그는 죽음에 대해 설파하면서, 모든 사람이 땅에 묻혀 벌레의 먹이가 되는 것은 아주 공평한 일이라고 설명한다. 왕이 폴로니어스가 어디 있느냐고 묻자 저녁상에 있다고, 저녁을 먹는 것이 아니라 저녁으로 먹히고 있다고 말한다.

어떤 사람이 왕의 시체를 먹은 벌레를 미끼로 낚시질을 해서 물고기를 잡아 그것을 먹으면 결국 왕을 먹은 것이 된다. 그렇게 해서 왕이 거지의 위장 속을 지나가게 되고 벌레가 왕으로 군림한다. 결국 벌레, 왕, 거지가 다 죽었으므로 모두 평등하며, 햄릿은 이렇게 말함으로써 왕을 벌레라고 지칭한 것이다.

햄릿이 죽음에 대해 느끼는 공포와 즐거움이 그의 의무에 대한 이중적 태도를 부각시키고 있다. 그는 이후에도 복수를 감행하기 전에 몇 차례 더 죽고 싶은 마음과 죽음에 대한 두려움을 토로하게 되지만 자기가 내뱉는 말에 대한 사랑을 늘 드러낸다. 그는 자기 혀 위에 단어들이 머물게 하고 그것들을 뒤집으며 그 맛을 음미한다.

클로디어스는 햄릿을 영국으로 추방하기로 하고, 햄릿은 그에게 자기를 보내는 목적을 알고 있다고 말한다. 클로디어스는 그 경고를 놓치거나 간과한 듯하다. 그는 "안녕, 어머니" 하는 햄릿의 모욕적인 인사에 대답한다. 클로디어스는 그 말을 바로잡아주며 사과할 기회를 준다. 그러자 햄릿은 부부는 한 몸이므로 클로디어스는 어머니나 마찬가지라고 말함으로써 모욕을 준다. 이 모욕을 통해 햄릿은 늘 자기 마음을 짓누르고 있는 근친상간에 대해 클로디어스에게 다시 일침을 가하는 것이다. 클로디어스는 마침내 햄릿이 위험한 존재임을 깨닫고 로즌크랜츠와 길든스턴에게 어서 햄릿을 영국으로 데려가라고 이른다. 관객 이외의 그 누구에게도 알려지진 않지만, 클로디어스는 영국 왕에게 햄릿을 죽이라는 부탁을 하기로 마음먹는다. 이 대목에서 클로디어스의 사악한 마음이 분명하게 드러난다. 악한으로의 진화가 마침내 완성된 것이다.

4막 4장

햄릿, 영국으로

영국으로 가는 길에 햄릿은 군대를 이끌고 덴마크를 통과해서 폴란드로 진군하는 포틴브라스를 본다. 그는 한 지휘관에게서 노르웨이 군대가 보잘것없는 땅을 놓고 폴란드와 전쟁을 벌일 계획임을 알게 된다. 햄릿은 로즌크랜츠와 길든스턴의 뒤에 처져서 노르웨이군과 폴란드군이 아무 가치도 없는 땅 때문에 목숨을 바치려 한다는 사실에 대해 곰곰이 생각한다. 그들은 달걀껍데기만도 못한 원칙을 위해 고향을 떠나와서 자신을 내던지려 하고 있는 것이다. 그런데 자기는 원수에 대해 행동할 충분한 이유가 있는데도 망설이고 있다는 생각이 든다.

햄릿이 폴란드를 향해 진격하는 노르웨이 군사들을 보고 하는 독백은 〈햄릿〉의 전환점이 된다.

햄릿은 복수를 해야 할 의무가 너무나 커서 목적이 수단을 정당화한다는 것을 마침내 깨닫는다. 그는 이제 더 이상 행위의 필연성을 회피할 수 없다. 지금까지는 자기가 저질러야 할 살인의 결과가 너무 걱정스러웠다. 아무 가치도 없는 땅 때문에 목숨을 바치려는 노르웨이 장병들의 태도와 부모에 대한 신성한 의무라는 분명한 동기가 있는데도 행동에 옮기지 못하는 자신을 비교하면서, 너무 오랫동안 망설였음을 깨닫는다. 이 독백은 햄릿이 즐기는 마지막 언어의 유희다. 이 후로는 행동에 방해가 되는 언어에 대한 집착을 떨쳐버릴 생각이다.

이 독백은 다섯 부분으로 나눌 수 있다.

첫째, 복수라는 햄릿의 임무를 확인하는 부분이다. 햄릿은 자기가 맞닥뜨리는 모든 것이 복수를 채근한다고 말한다.

둘째, 행동을 촉구하는 부분이다. 햄릿은 사건에 대한 지나친 생각을 멈추고 자기 안에 있는 힘을 인지해야 하며 필요한 행동을 완수해야 한다.

셋째, 포틴브라스의 본보기를 보고 자기가 해야 할 바를 깨닫는 부분이다. 노르웨이 왕자 포틴브라스가 덴마크 왕자 햄릿의 거울이 되고 있는 것이다.

넷째, 햄릿이 별 가치도 없는 조그만 땅 때문에 목숨을 내놓으려 하는 폴란드와 노르웨이 군사들을 보고 행동하지 않는 자기를 질책하는 부분이다.

다섯째, 해결책을 제시한다. 햄릿은 마침내 아버지의 죽음에 복수하기로 결심한다.

 ## 레어티스의 분노

　　궁정의 시종이 오필리아가 가엾게도 실성했다고 보고한다. 거트루드는 그녀를 만나지 않으려고 하지만, 호레이쇼가 오필리아의 정신상태 때문에 백성들이 왕과 왕비를 주목하게 될지도 모른다고 지적하자, 오필리아와 얘기를 나눠보기로 동의한다.

　　오필리아가 혼돈과 죽음, 짝사랑에 대한 두서없는 노래를 부르며 들어온다. 왕과 왕비가 그녀와 얘기를 나누려고 하지만, 알아들을 수 없는 대꾸만 한다. 클로디어스는 오필리아가 아버지의 죽음으로 충격을 받아 미친 것이라고 말하고, 호레이쇼에게 그녀를 따라다니며 지켜보라고 부탁한다. 다음에 그는 거트루드에게 최근 덴마크 왕실을 괴롭히는 문제들을 요약해서 설명한다. 폴로니어스의 살해, 백성들의 봉기를 막기 위한 비밀 매장, 오필리아의 광증, 파리에서 돌아온 오필리아의 오빠 레어티스가 아버지의 죽음에 의혹이 있다고 폭동을 선동하고 있는 일 등.

　　궁정의 신하들은 레어티스와 폭도들이 문을 부수고 성 안으로 들어오려고 하는 소리를 듣는다. 레어티스는 추종자들에게 문을 지키라고 이르고, 클로디어스에게 와서 아버지를 돌려달라고 화를 내며 말한다. 거트루드가 레어티스를 진정시키려 하자, 클로디어스는 레어티스가 뭐라고 지껄이든 그냥 내버려두라고 한다. 그 젊은이를 두려워할 필요가 없다는 것이다. 클로디어스가 가까스로 레어티스를 진정시켰을 때, 오필리아가 죽은 노인에 대한 두서없는 노래를 읊조리며 들어온다. 레어티스는 오필리

아가 아버지의 죽음으로 충격을 받아 미쳐버렸다고 말한다. 오필리아는 모여 있는 사람들에게 꽃을 나눠주고 퇴장한다. 실성한 누이를 보고 넋이 나간 레어티스는 마침내 클로디어스가 하는 말에 귀를 기울인다. 왕은 레어티스에게 폴로니어스의 죽음에 충분히 복수하게 해주겠다고 약속한다.

극의 앞부분(3막 1장)에서 거트루드는 오필리아에게 "오필리아, 네 선량한 아름다움이 햄릿이 광포해진 이유였으면 좋겠구나" 하고 말했었다. 하지만 이제 호레이쇼와 시종이 오필리아가 왕비를 알현하고 싶어한다고 하자, 그녀는 만나지 않겠다고 딱 잘라 거절한다. 호레이쇼와 시종은 오필리아의 가엾은 상태와 행동이 국가에 미칠 위험에 대해 설명하자 그제서야 마지못해 만나보기로 한다.

인물 탐색 거트루드의 인격이 다시 의문시된다. 오필리아와 관련한 그녀의 행동은 그녀와 클로디어스가 공모했음을 드러낸다고 볼 수도 있다. 권력 유지에 대한 클로디어스의 각별한 관심을 그녀 역시 공유하고 있는 듯 보이기도 하는 것이다. 그러나 거트루드는 어른이 된 후 줄곧 왕비 노릇을 해왔고, 따라서 국가의 안위가 큰 관심사일 수도 있다. 또는 오필리아에 대한 아들의 행동이 그녀가 실성하는 데 한몫했다는 사실 때문에 당황하고 있는지도 모른다. 남다르게 강인한 거트루드가 약한 사람들을 경멸하고 있다는 또 다른 해석도 가능하다. 하여튼 왕비가 며느리가 될 뻔한 처녀를 다정하게 대하지 않고 있는 것만은 분명하다. 오필리아의 흐트러진 행동에 왕비는 당황하며, 그녀의 절망을 어떻게 대할지 모른다.

 오필리아가 부르는 노래는 모두 짝사랑과 관련이 있
다. 사실 세 번째 노래는 연인의 침실을 떠난 사람을 맹
렬히 비난하고 있다. "나를 버리기 전에 당신은 나와 결혼한
다고 약속했었지." 이 노래는 오필리아의 광증이 햄릿과 아주
가까운 사이였다가 버림받음으로써 유발되었다는 또 다른 증
거가 된다. 햄릿이 함부로 대하지 못하게 하라는 그녀 아버지
의 지시를 생각할 때, 아버지의 죽음이 그녀의 죄의식을 한층
더 심하게 만들었을 수도 있다. 그녀는 혼전 관계를 가졌고 햄
릿을 멀리하라는 아버지의 명령으로 그녀의 실수는 더욱 큰
것이 되었을 수도 있다. 어떤 사람들은 그녀가 햄릿의 아이를
임신했다고 주장하는데, 그렇다면 절망감은 더욱 감당하기 어
려웠을 것이다.

오필리아가 꽃을 나눠주는 장면을 생화(生花)가 아니
라 상상의 꽃으로 대신하는 것이 현대적 연출의 전통이 되었다.
그 꽃을 상징으로 해석하는 것이다. 오필리아는 클로디어스에
게 아첨의 상징인 회향을 준 다음, 망은과 배신의 상징인 매발
톱꽃도 건넨다. 거트루드에게는 슬픔의 상징인 운향, 봄철과
사랑의 상징인 데이지도 준다. 그녀는 아버지의 죽음으로 달
콤함의 상징인 제비꽃을 잃어버렸다고 말한다. 레어티스에게
는 기억을 상징하는 로즈메리와 생각을 상징하는 팬지를 주는
데, 이것은 그들이 공유했던 추억과 잃어버린 자신의 사고능
력을 암시한다.

 이 장에서 레어티스가 햄릿의 또 다른 적수로 등장한다.
그 역시 아버지의 죽음에 복수해야 하고, 보호해야 할
여인이 있다. 그러나 햄릿과는 달리 생각이나 말로 시간을 낭
비하지 않는다. 그는 왕을 위협한다. 왕이 복수를 돕겠다고 약
속하자 그제서야 자제한다. 레어티스는 도덕적 양면가치 따위
로 고민하지 않고 곧바로 행동함으로써 영원한 저주의 위험도
개의치 않는다. 그는 말이나 이념 또는 믿음에 구애받지 않고
폴로니어스의 죽음에 복수하기 위해 왕에 대항하는 군대를 일
으켰다. 왕은 레어티스가 햄릿 못지않은 위험한 존재라는 것
을 깨닫고 햄릿을 제거하기로 약속한다.

 클로디어스는 늘 자기 감정을 통제하며, 걱정 많은 왕,
폴로니어스의 친구, 오필리아에게 친절한 아버지 같은
존재, 거트루드의 충실한 남편 역할을 훌륭하게 수행한다. 그
는 이 장에서 말을 유난히 많이 한다. 즉 거트루드, 레어티스,
오필리아, 심지어 햄릿에 대해서까지 깊은 동정심을 표현하고
있다. 그가 하는 말을 들으면, 이 세상에서 클로디어스만큼 괴
로운 사람은 없는 것 같다. 햄릿을 없애버리겠다고 다짐하는
3장의 독백과 비교하면, 그의 말이 거짓임이 명백하다.

그는 거트루드에게 레어티스가 자유로이 말할 수 있도
록 '내버려두라'고 함으로써 레어티스의 충성을 다시 얻는다.
이처럼 교활한 행동으로 주위에 있는 모든 이의 신임을 얻는다.

4막 6장

 **: 줄거리**

햄릿의 귀환

호레이쇼가 햄릿이 보낸 선원으로부터 편지를 받는다. 첫 번째 편지는 해적들이 햄릿이 타고 가던 배를 습격했다는 내용이다. 이어 벌어진 전투에서 해적들이 햄릿을 포로로 잡았는데, 그를 잘 대해 주고 다시 덴마크로 데려다주었고, 햄릿은 특혜를 베풀기로 약속했다는 것이다. 햄릿의 편지에는 또한 다른 편지들을 왕에게 전한 후 즉시 그를 만나러 와야 한다고 쓰여 있다. 친구에게 전할 소식이 많다는 것이다.

: 풀어보기

햄릿의 귀환은 줄거리에 일대 전환을 가져오는 극적 장치다. 셰익스피어는 엘리자베스 1세와 제임스 1세 시대에 영국의 안전을 심각하게 위협하던 해적의 발호를 이용하고 있다. 일부 비평가들은 셰익스피어가 햄릿이 만(灣)마다 모두 해적이 숨어 있는 것을 알고 해적들이 로즌크랜츠와 길든스턴의 임무 수행을 불가능하게끔 일을 꾸몄다고 추론하기를 원한다고 주장한다. 햄릿과 그의 믿을 수 없는 '친구들'을 태우고 영국으로 향하던 배가 해적들의 습격을 받고 화술이 능한 햄릿이 해적들을 설득해서 자기를 석방하도록 했을 가능성 역시 높다. 어느 경우이든, 그 결과는 매우 중요하다. 햄릿이 갈등의 중심지로 돌아와야만 클라이맥스와 대단원, 결말을 이끌어 낼 힘을 만들 수 있기 때문이다.

4막 7장

음모

　　클로디어스는 햄릿이 자기를 죽이려다가 실수로 폴로니어스를 죽였다고 말한다. 레어티스는 클로디어스가 그런 중죄를 범한 햄릿을 처벌하지 않는 이유를 이해할 수 없다. 클로디어스는 햄릿이 죗값을 치르지 않도록 할 생각은 추호도 없었지만 참았다고 설명한다.

　　바로 그때 사자(使者)가 햄릿이 호레이쇼 편에 보낸 편지를 가지고 도착한다. 햄릿이 아직 살아 있다는 사실을 알게 된 클로디어스는 레어티스에게 폴로니어스에 대한 사랑을 보일 기회를 주겠다고 제의한다. 햄릿과 검술시합을 하다가 그를 죽일 수 있게 해주겠다는 것이다. 클로디어스는 레어티스와 햄릿의 검술시합을 주선하겠다고 약속한다. 햄릿은 끝에 솜방망이를 단 검을 사용하겠지만, 레어티스는 날카로운 검을 사용하도록 하겠다. 그러면 레어티스는 여러 사람들이 보는 앞에서 햄릿을 죽이게 되고, 사고처럼 보이게 될 것이다. 아무도 그것이 살인이라는 것을 알 수 없다. 레어티스는 자기 검에 슬쩍 스치기만 해도 상대를 죽일 수 있는 강한 독을 묻히겠다고 말한다. 클로디어스가 또 하나의 안전장치를 추가한다. 햄릿이 마실 포도주 잔에 독을 타서 레어티스가 그에게 상처를 내지 못해도 그 포도주를 마시고 죽게 하겠다는 것이다.

　　두 사람이 이런 음모를 꾸미고 있을 때, 거트루드가 들어와서 오필리아가 물에 빠져 죽었다는 소식을 전한다. 오필리아는 앉아 있던 버드나무 가지가 부러지는 바람에 개울물에 빠졌고, 목에는 꽃목걸이가 걸려 있었다고 죽은 광경을 세세하게 묘사한다. 그녀는 입고 있던 옷 때문에 잠시 물 위에 떠 있었지만, 결국 가라앉아 목숨을 잃었다는 것이다. 레어티스가 슬픔을 참지 못하고 흥분해서 뛰어나간다. 클로디어스와 거트루드가 그의 분노를 잠재우려는 듯 뒤를 따른다.

인물탐색 클로디어스는 레어티스 앞에서 거드름을 피우지만, 한편 상대를 배려할 수 있는 능력을 과시하기도 한다. 상대를 배려하는 마음은 그의 악함을 중화시키고 성격에 내재된 이중성을 더욱 가중시킨다. 클로디어스가 기도하는 장면(3막)에서 볼 수 있듯이, 그는 비록 양심에 따라 행동하지는 못하지만 기독교적 양심을 가지고 있다. 그리고 사랑하는 아내의 정서적 안녕을 중시하는 헌신적인 남편일 수도 있음을 과시한다. 햄릿이 그에게 큰 위험이 된다는 사실을 알면서도, 왕비가 '그의 표정을 보고 살다시피 하고', 또 자기는 왕비를 위해 살다시피 하기 때문에 '아들'을 해치지 않기로 했다고 레어티스에게 말한다.

하지만 클로디어스의 매우 이기적인 악한 본성이 금세 드러난다. 폴로니어스를 살해한 햄릿의 죄를 묻지 않은 두 번째 이유를 레어티스에게 설명하는 것이다. 즉 백성들이 햄릿을 무척 사랑하기 때문에 햄릿에게 위해를 가한다면 자기를 곱게 보지 않으리란 것이다.

　학자들은 당시 덴마크의 왕위 계승이 투표로 결정되었다고 주장한다. 왕국의 기사들이 왕이 되겠다고 나선 후보자들 가운데서 한 사람을 왕으로 선택했다는 것이다. 스칸디나비아의 전설에 의하면, 거트루드의 아버지가 햄릿 왕 이전의 왕이었다고 한다. 햄릿 왕은 선왕에 의해 부마로 뽑혔고, 그 결혼이 왕이 되는 데 유리하게 작용했다는 것이다. 사정이 이렇다면, 클로디어스는 기사들의 인심을 잃어서도, 거트루드를 잃어서도 안 된다. 또한 햄릿을 처벌해 그의 위태로운 인기를 위험에 빠뜨릴 수도 없다.

　클로디어스는 레어티스에게 자기가 정이 넘치고 책임 있는 왕으로서 피치 못할 이유로 햄릿에게 관대한 처분을 내렸다고 믿게끔 한다. 그는 능숙한 언변으로 레어티스의 마음을 사로잡아 강력한 동맹자를 얻게 된다. 영국 왕으로 하여금 햄릿을 처형토록 하려는 계획이 실패로 돌아가자, 레어티스의 도움으로 햄릿을 제거하려는 것이다.

　두 사람은 햄릿이 결코 빠져나갈 수 없는 음모를 꾸민다. 햄릿 왕을 죽일 때처럼 탐지되지 않는 독이 클로디어스가 택하는 무기다. 독을 좋아하는 클로디어스의 취향이 그의 교활함을 입증해 준다. 햄릿이 편지에서 밝힌 '맨 몸'으로 덴마크로 돌아왔다는 말은 그가 혼자 클로디어스와 맞설 것임을 암시한다. 음모자들은 그들의 계획이 성공하리라 확신한다. 무엇보다도 레어티스는 햄릿처럼 이름난 검객이기 때문이다.

 다시 한 번 레어티스는 햄릿과는 정반대되는 인물임을 보여준다. 그는 어떤 말도 중얼거리지 않고, 후회하느라고 시간을 낭비하지도 않는다. 아버지와 누이동생을 잃은 깊은 슬픔이 그대로 살인으로 이어지는 것이다. 레어티스는 즉각 준비를 끝낼 수 있는 유능한 사람이며 행동할 의욕에 넘치고 있다. 구경꾼들 가운데는 레어티스를 지지하는 사람들도 햄릿을 지지하는 사람들만큼 있다. 구경꾼들이 둘로 갈림으로써 대결은 더욱 흥미진진해질 것으로 예상된다.

 오필리아의 죽음에 대해 한 마디. 거트루드는 오필리아가 개울에 빠져 익사했다고 말하지만, 그것이 자살이라는 증거가 있다. 첫 번째 증거는 그녀가 놓인 처지다. 혼전 관계에다 남편 없이 살아가야 할 미래—햄릿은 그녀를 원치 않고, 아버지는 죽었으며, 판관 노릇을 하는 오빠는 파리에 있다—를 앞에 놓고 자살 이외의 해결책을 찾을 수 없었을 것이다. 또 다른 증거는 그녀가 죽음을 맞은 정황이다. 일부 비평가들은 그녀의 임신이 자살을 입증해 준다고 생각한다. 임신의 구체적 증거는 없지만, 16세기와 17세기에는 결혼하지 않고 임신한 여자들이 흔히 택하는 자살방법이 물에 빠져 죽는 것이었다고 지적하고 있다.

 레어티스는 파리에 머물렀기 때문에 클로디어스의 영향력에서 벗어나 있었지만, 클로디어스의 사악한 야망이 그에게도 전염되었다. 햄릿은 클로디어스가 범한 잘못을 바로잡기 위해 돌아왔지만, 오필리아를 죽게 함으로써 그 자신이 악의 도구가 되어버렸다. 2막에서 "덴마크에서 무언가가 썩고 있다"는 마셀러스의 말이 현실이 된 것이다.

5막 1장

오필리아의 매장지에서

두 명의 무덤 파는 사람들이 그들이 파고 있는 무덤에 대해 얘기를 나눈다. 당국은 그 시체를 기독교식으로 매장해 주라고 했다. 첫 번째 무덤 파는 사람은 죽은 여자는 스스로 물에 빠져 죽었고 구원을 받을 수 없으므로 그럴 자격이 없다고 주장한다. 또 다른 사람은 틀린 어법과 문장을 써가면서 그런 대접을 받을 자격이 있다고 말한다. 귀족 가문 출신이므로 기독교식으로 매장될 만하다는 것이다. 재미있게 연출되는 그들의 대화는 성경 구절을 들먹이고 교수대 만드는 기술을 언급한다. 교수대가 그것을 빌려 쓰는 사람보다 오래 산다는 것이다. 두 번째 무덤 파는 사람이 술을 가지러 나간 사이에 햄릿과 호레이쇼가 등장해서 첫 번째 무덤 파는 사람에게 이것저것을 묻는다.

무덤 파는 사람과 햄릿은 일종의 재치문답 놀이를 한다. 그자는 햄릿에게 30년 전 선왕 햄릿이 노왕 포틴브라스를 이긴 날, 그러니까 햄릿 왕자가 태어난 날부터 무덤 파는 일을 시작했다고 말한다.

햄릿은 이 우스꽝스런 대화를 계속한다. 그는 다시 삶과 죽음의 문제를 생각하고, 소원해진 두 나라(덴마크와 노르웨이) 간의 관계에 대해 걱정한다. 그는 해골들을 이리저리 던지면서 그 해골들이 보냈을 인생을 생각한다. 그가 무덤 파는 사람에게 누구의 무덤을 파고 있느냐고 묻는다. 무덤 파는 사람은 말장난을 하다가 결국 여자의 무덤이라고 말한다. 햄릿은 무덤의 주인이 누구인지 모르고 있다.

햄릿이 해골 하나를 발견하고 누구의 해골이냐고 묻는다. 무덤 파는 사람이 그 해골은 왕의 광대였던 요릭의 것이라고 답한다. "내가 아는 사람이야, 호레이쇼, 아주 재미있는 훌륭한 광대였지." 햄릿은 죽음이라는 주제, 사람은 누구나 벌레들의 먹이가 된다는 사실, 살아 있는 것은 무엇이든 언젠가 죽고 어떤 지위나 돈도 죽음의 평등성을 바꿀 수 없다는 사실에 대해 얘기한다. 죽음은 알렉산더 같은 위대한 왕도 하잘것없는 해골로 만든다.

햄릿과 호레이쇼는 왕비와 왕, 레어티스가 조문객들과 함께 관 하나를 옹위하고 오는 것을 본다. 햄릿이 누구의 관이냐고 묻고, 그곳에서 주

고받는 이야기를 엿듣기 위해 호레이쇼와 함께 몸을 숨긴다. 그는 장례식이 완전히 격식을 갖춘 기독교식은 아니지만 시체는 성스러운 땅에 매장되고 있다는 것을 알아차린다.

레어티스가 신부와 오필리아의 매장을 놓고 논쟁을 벌인다. 클로디어스의 명령은 오필리아에게 격식을 갖춘 기독교식 의식을 치러주라는 것이었다고 주장하고, 신부는 그녀가 자살했기 때문에 진혼미사와 기타 기독교식 매장의식을 베풀어줄 수 없지만 성스러운 땅에 매장한다고 말한다. 레어티스가 신부를 모욕한다.

오필리아의 시체가 무덤 속에 안치되고 왕비가 관에 꽃을 뿌리는 것을 햄릿이 지켜본다. 왕비가 말한다. "아름다운 이에게 아름다운 꽃을. 난 네가 우리 햄릿의 아내가 되기를 바랐단다." 관 속에 누워 있는 시체가 오필리아라는 것을 알게 된 햄릿이 달려 나가, 방금 그를 저주하며 무덤 속으로 뛰어든 레어티스에게 덤벼든다. 햄릿과 레어티스는 누가 오필리아를 가장 사랑했는가를 놓고 논쟁을 벌인다. 레어티스가 햄릿의 목을 조르자 주위 사람들이 떼어놓는다.

거트루드는 아들에게 미쳤다며 나무란다. 클로디어스는 호레이쇼에게 햄릿을 보살피라고 부탁하고, 레어티스에게는 곧 복수의 기회를 주겠다고 약속한다. 그는 거트루드에게 아들을 잘 지켜보라고 이르는데, 이 말은 오필리아를 추모하는 뜻에서 또 다른 죽음이 뒤따를 것을 암시한다.

이 연극에서 가장 심각한 5막은 희극으로 시작된다. 비극적 결말인 이 막은 두 명의 무덤 파는 사람들 — 대개

촌사람들로 분장한다 ― 이 오필리아가 죽은 정황에 대해 주고받는 대화로 막을 연다. 거트루드는 오필리아의 죽음이 사고라고 말했지만, 그들의 대화는 관객들에게 오필리아가 자살했다는 인식을 심어준다. 무덤 파는 사람들은 블랙코미디(기분 나쁜 유머가 있는 희극)를 연출하는데, 햄릿이 입심 좋은 첫 번째 무덤 파는 사람과 재치문답을 벌이는 대목에서 절정을 이룬다.

셰익스피어는 신학적 법칙 같은 고차원적 개념과 무덤 파는 사람의 낮은 신분을 병치시킴으로써 독특한 효과를 내고 있다. 첫 번째 무덤 파는 사람은 적절하게 틀린 어법을 사용해 효과를 거두고 있다. 그는 햄릿과 대조되는 또 하나의 등장인물이다. 그는 신분 낮은 평민으로, 그 빈정거림과 독설이 햄릿과 맞먹는다. 그의 독설은 햄릿에게 재미를 줄 뿐, 고통을 주지는 않는다.

주제 탐색 셰익스피어는 죽음이 모두를 평등하게 한다는 주제를 또 한 번 제시하고, 죽으면 만사가 종결된다는 개념도 탐구한다. 무덤 파는 사람들은 여러 차례 죽음을 언급함으로써 햄릿이 곧 자신을 포함한 몇 사람의 죽음에 연관될 것임을 예고하고 있다. 햄릿과 무덤 파는 사람은 해학을 섞어가며 사람이 죽어서 벌레들의 먹이가 된다는 햄릿의 생각과 시간이 모든 것을 파괴한다는 개념에 대해 논의한다. 무덤 파는 사람은 카인과 '최초의 살인'에 대해 언급하는데, 이 말은 관객들에게 클로디어스 역시 형제 살해자라는 사실을 상기시킨다.

오필리아가 자살했느냐 아니냐의 문제는 그 무렵에 있었던 재판과 관련이 있다. 그 재판에서 법정은 제임스 홀 경이 자살했다는 이유로 그를 기독교식으로 매장하지 못하도록 했다. 셰익스피어는 법정의 결정을 지지한다는 것을 보여주기 위해 의도적으로 이 대목을 집어넣은 것으로 보인다. 대다수 비평가들은 오필리아의 무덤이 성스러운 땅 언저리에 자리 잡고 있다고 설명하고 있다. 이 땅은 기독교신자임이 확실치 않은 사람들을 위해 따로 떼어놓은 매장지다. 요릭도 그런 사람 가운데 하나다. 그 무덤에는 여러 개의 해골들이 있다. 그 묘는 성화(聖化)된 개인 무덤이 아니고 여러 사람을 함께 묻은 공동 무덤인 것이다.

레어티스와 햄릿의 싸움은 행동을 뒤로 미루는 성격을 제어하려는 햄릿의 내적 투쟁을 상징한다. 햄릿이 '매우 고상한 젊은이'라고 부르는 레어티스에게 도전하는 행동은 햄릿답지 않게 무모하다. 자기와는 정반대되는 인물, 즉 별 말 없이 격정적인 행동에 나서는 인물과 대면한 햄릿은 오필리아에 대한 감정을 표현할 수는 없었지만 그녀를 사랑했다는 것을 증명하려고 안간힘을 쓴다.

5 막 2 장

 **:줄거리**

햄릿, 숨을 거두다

차분해진 햄릿이 자기를 죽이려는 음모에서 벗어난 경위를 이야기한다. 그는 이제 신의 섭리가 사람의 일생을 지배한다는 확신을 갖게 되었다고 말한다. 모든 일은 신이 정해 놓은 대로 일어난다는 것이다. 그는 호레이쇼에게 해적들이 자기를 납치하기 전날 밤, 잠을 이룰 수 없어 그 시간에 로즌크랜츠와 길든스턴의 선실을 자세히 조사해 보았다고 한다. 어둠 속에서 더듬더듬 하던 그는 영국 왕에게 보내는 편지를 발견하고 감쪽같이 뜯어서 읽어보았다. 놀랍게도 그 편지는 영국 왕에게 햄릿을 가두고 가능한 한 속히 목을 베라고 부탁하는 내용이었다. 호레이쇼는 햄릿이 그 편지를 보여주기 전까지는 그 말을 의심한다. 호레이쇼가 편지를 읽는 동안 햄릿은 얘기를 계속한다. 그는 즉시 멋진 계획을 짰다. 편지의 필체를 흉내 내어 로즌크랜츠와 길든스턴을 죽이라는 내용의 편지를 만들고 지갑 속에 가지고 다니던 아버지의 도장으로 봉인했다. 로즌크랜츠와 길든스턴은 그 사실을 모르고 있으므로 그 편지를 영국 왕에게 건네는 대로 처형될 것이다.

호레이쇼는 클로디어스가 한 짓을 알고 놀라움을 금치 못한다. "이런 자가 왕이라니!" 그가 한탄한다. 햄릿은 바로 그 왕이 적법한 왕을 살해하고 거트루드를 창녀로 만들었으며 햄릿으로부터 정당한 왕위계승권을 빼앗아갔다는 사실을 상기시킨다. 호레이쇼는 클로디어스가 영국에서 일어난 일을 곧 알게 될 것이라고 걱정한다. 햄릿은 곧 행동을 개시해서 왕을 제거할 테니 걱정 말라고 안심시킨다.

햄릿은 레어티스와 싸웠던 것이 마음에 걸린다고 말한다. 궁정의 신하 오즈릭이 들어오자 햄릿이 화려한 차림새를 조롱한다. 오즈릭이 햄릿에게 레어티스가 결투를 신청했다고 전한다. 왕은 햄릿이 틀림없이 이긴다고 장담했다며, 돌아가서 햄릿이 결투 신청을 받아들일 것인지 아뢰어야 한다고 오즈릭이 말한다. 햄릿은 결투에 응한다. 오즈릭이 퇴장한 후, 한 신하가 들어와서 햄릿이 레어티스를 만나기 전에 시간이 필요한지 알아보라고 왕이 지시했다고 말한다. 햄릿은 왕이 원하는 시간에 언제라도 결투에 응할 준비가 되어 있다고 답한다. 그 신하는 햄릿이 결투 전에 레어티스와 우정의 대화를 가졌으면 한다는 왕비의 말을 전한다. 햄릿이 동의하자 그 신하는 퇴장한다.

호레이쇼는 결투를 불안해 하면서 햄릿이 질 수도 있다고 암시한다. 햄릿은 레어티스가 이길 가능성을 무시하면서 어떤 경우에도 사람은 운명을 피할 수 없는 법이라고 말한다. 자기는 해야 할 일을 할 수밖에 없다는 것이다. 중요한 것은 그 피할 수 없는 일에 대한 "준비가 전부야."

요란한 팡파르와 함께 결투장이 펼쳐진다. 왕이 햄릿과 레어티스를 한자리에 불러 악수를 나누도록 한 뒤 결투를 시작하게 한다. 햄릿은 레어티스에게 오필리아의 무덤에서 벌였던 미친 짓에 대해 용서를 구하고, 폴로니어스를 죽인 것도 자기 뜻이 아니라 광증 때문이라고 하면서 사죄한다. 레어티스는 믿을 수 없다는 태도를 취면서도 햄릿에게 원한은 없다고 말한다.

오즈릭이 검을 가져오고 레어티스가 신경 써서 검을 고른다. 햄릿은 자기가 고른 검이 다른 것들과 길이가 같은지만 확인한다. 왕이 결투자들이 마실 포도주를 차려놓고 햄릿이 마실 잔을 들어올린다. 레어티스와 햄

릿이 잠시 동안 시합을 한다. 햄릿이 심판인 오즈릭에게 판정을 요구한다. 오즈릭은 햄릿이 한 점을 땄다고 선언하자 클로디어스가 햄릿의 술잔을 들어 올리고 한 모금을 마신 다음 요란한 몸짓으로 햄릿에게 주는 선물인 진주를 포도주 속에 떨어뜨린다.

햄릿이 두 번째로 레어티스를 찌르자, 레어티스는 찌른 게 아니라 스친 것에 불과하다고 항의한다. 클로디어스가 거트루드에게 "우리 아들이 이기겠어" 하고 말한다. 거트루드도 그 말에 동의한다. 그녀는 햄릿이 마실 포도주를 들고 햄릿의 이마를 닦아준 다음 한 모금 마시라고 권하지만 햄릿은 사양한다. 그러자 거트루드가 아들을 위해 축배를 올린다. 클로디어스가 만류하지만, 그녀는 포도주를 마시고 햄릿의 이마를 다시 한 번 닦아준다.

레어티스가 클로디어스에게 독 묻은 칼끝으로 햄릿을 찌를 때가 왔다고 말하자 클로디어스는 좀더 기다리라고 한다. 방백*으로 레어티스는 햄릿을 찌르고 싶지 않다고 말한다. 그러나 햄릿은 그가 빈둥빈둥 시간만 보낸다고 비난하면서 세 번째 공격을 시도한다. 두 사람이 다시 맞붙어 싸우고 레어티스가 독 묻은 칼끝으로 햄릿에게 상처를 입힌다. 두 사람이 동시에 칼을 떨어뜨린다. 난투를 벌이는 와중에 햄릿이 레어티스가 쓰던 칼을 집고 레어티스는 햄릿이 쓰던 칼을 집어 든다. 햄릿이 독 묻은 칼로 레어티스를 찌른다. 거트루드가 쓰러진다. 햄릿이 왕비가 쓰러진 것을 보고 걱정스런 말투로 "왕비께서 왜 저러십니까?" 하고 묻는다. 왕이 왕비는 피를 보고 기절한 것이라며 안심시키지만 거트루드가 포도주에 독이 들었다고 외친다. 화가 머리끝까지 치민 햄릿이 왕이 도망치지 못하도록 문을 잠그라고 명령한다. 레어티스가 살인 음모를 털어놓으면서 지금 햄 릿이 들고 있는 검에 독이 묻어 있다고 말해 준다.

격노한 햄릿이 그 검으로 클로디어스를 찌르면서 소리친다. "독아, 네 일을 하거라." 클로디어스가 죽기 전에 햄릿은 독이 든 포도주를 왕의 목구멍 속으로 쏟아 붓고는 죽어가는 레어티스에게로 간다. 두 사람은 그들이 천국에 들어가는 데 방해가 되지 않도록 서로를 용서한다. 레어티스가 숨을 거둔다. 호레이쇼가 햄릿 곁으로 달려간다.

햄릿은 호레이쇼에게 자기는 곧 죽을 거라며 '나의 이야기'를 세상에 전해 줄 것을 부탁한다. 오즈릭이 군대가 다가오는 소리가 들린다고 알린 다. 폴란드를 공격했던 포틴브라스가 덴마크에 도착한 것이다. 햄릿은 덴 마크의 왕위가 포틴브라스에게 이양되도록 하라고 이른다.

"휴식은 침묵이다"라는 말을 남기고 햄릿이 죽는다. 호레이쇼는 햄

---

* **방백(傍白)**: 연극에서 등장인물이 말을 하지만 관객만 들을 수 있는 대사.

릿이 편안히 쉬기를 빌고, 포틴브라스와 방금 도착한 영국 사절들에게로 주의를 돌린다. 영국 사절들은 영국 정부가 로즌크랜츠와 길든스턴을 처형했다는 것을 알리기 위해 온 것이다. 포틴브라스는 눈앞에서 펼쳐진 참극에 놀라면서 자기가 덴마크 왕위에 오를 자격이 있음을 인정한다. 호레이쇼도 햄릿의 유언에 따라 그의 등극을 지지한다.

포틴브라스는 햄릿의 장례식을 군인장으로 치르라고 명령한다. 그가 병사들에게 시체들을 내가라고 지시하면서 연극은 끝난다.

인물탐색 메이너드 맥은 마지막 장에서 "햄릿은 자기 세계를 받아들이고, 우리는 다른 사람을 발견한다"고 말하고 있다. 그는 부패한 체제 밖에서 존재해 왔지만, 결국은 그 안으로 끌려들어가고 만 것이다. 유령이 나타나 그에게 "나를 잊지 말라"고 했을 때 햄릿의 운명은 결정되었다. 이 마지막 장에서 숨 돌릴 틈 없이 전개되는 사건의 소용돌이가 햄릿에게서 말을 빼앗고 그를 꼼짝달싹할 수 없게 만들어버렸다. 그는 가능한 한 오랫동안 '가식'과 '연기'와 '연극'의 세계 언저리를 돌면서 그 세계의 전술로 이겨보려고 했다. 그는 광증을 가장했고, 자기가 사랑하는 것 같은 여인과 아버지, 그리고 학교 친구들을 배반했다. 그는 세 차례 냉혹한 살인을 했고, 오필리아를 죽음에 이르게 했다. 그는 자기를 그 더러운 싸움보다 한 차원 높은 존재로 생각했지만, 결국은 그 안으로 휩쓸려 들어가고 말았다. 이제는 불가피한 현실과 대면해야 한다. 맥의 말처럼, 햄릿은 마침내 '인간의 행동, 인간의 판단이 갇혀 있는 한계를 알게 되었고, 또 그것을 받아들인 것'이다.

우리는 햄릿이 로즌크랜츠와 길든스턴을 죽음으로 몰아넣은 경위를 호레이쇼에게 대수롭지 않은 일인 듯 설명하는 장의 첫 대목에서 그의 변화를 알게 된다. 이런 계산적인 행동은 우리가 알아온 햄릿의 모습과는 정반대다. 호레이쇼의 다음과 같은 말은 놀라움을 드러내고 있다. "그럼 길든스턴과 로즌크랜츠가 그리로 갔군요." 즉 그들이 죽으러 갔다는 얘기다. 햄릿은 이렇게 반박한다.

그 자들은 이런 일을 좋아했거든.
난 그들이 죽는 게 양심에 걸리지 않아. 그들이 그렇게 된 것은 왕에 대한 아첨이 불러온 자업자득이지.

햄릿이 자책을 일삼던 사람에서 냉혹한 배신과 살인을 아무렇지 않게 정당화할 수 있는 사람으로 변모한 것이다. 더욱이 그는 클로디어스를 죽이고 왕위를 다시 찾음으로써 숙부의 왕위 찬탈로 빚어진 불의를 바로잡는 책무를 짊어질 수 있다고 생각하게 되었다.

셰익스피어는 햄릿의 행동 결의를 오즈릭의 등장과 병치시키고 있다. 클로디어스 궁정을 대표하는 오즈릭은 덴마크 안에 있는 모든 부패를 상징한다. 햄릿에 의하면, 오즈릭은 그 혼란스런 시기에 덴마크에 들끓고 있는 겉만 번지르르한 수많은 사람들 가운데 하나다. 이 겉치레는 덴마크에 만연한 병폐다. 햄릿은 이 병폐를 없앨 준비가 되어 있다고 확신한다. '그를 아는 것이 악덕'이라는 햄릿의 말은 2막에서 술잔치에 빠져 있는 궁정을 바라보면서 말한 악을 나타낸다. 매일 파티만 벌이기 때문에 다른 나라에서는 덴마크를 술주정꾼들의 나라로 보고 있는 지경이다. 햄릿은 왕의 악을 쓸어버리는 것이 자기 의무라고 생각하는데, 그 가운데 오즈릭도 포함된다.

햄릿이 오즈릭과 다른 신하에게 왕의 뜻대로 결투에 응하겠다고 알리자, 호레이쇼는 주의할 것을 당부한다. 그러나 햄릿은 모든 것을 감당할 준비가 되어 있다고 분명하게 말한다. 이 말은 그가 노르웨이 군사들이 폴란드로 진군하는 것을 지켜보며 불태웠던 결의를 상기시킨다.

이렇게 자기 의도를 선언한 햄릿은 팡파르가 요란하게 울리는 가운데 시합장에 입장한다. 시합장에서 그는 우선 레어티스와 화해를 시도한다. 그는 이 시점에서 레어티스와 화해해야 한다는 것을 깨닫는다. 햄릿은 레어티스에게서 자신을 발견하고, 그를 용서하고 용서 받음으로써 자기혐오의 짐을 벗어야겠다고 생각한 것이다.

아직 몇 가지 장애물이 더 있지만, 그는 이제 준비가 되었다고 생각한다. 준비가 되었다는 것은 그로서는 싸움의 절반은 이긴 것이다. 마침내 싸움이 시작된다.

시합이 시작될 때부터 햄릿은 이 시합이 단순한 '놀이'가 아니라 한 쪽이 죽어야 끝나는 시합이라는 것을 분명히 알고 있다. 그는 긴박한 분위기를 인지하고 레어티스가 무섭게 도전해 오리라는 것을 알고 있다. 분명치 않은 것은 햄릿이 클로디어스와 레어티스의 음모를 알고 있느냐의 여부다. 예를 들어 그가 클로디어스가 권하는 포도주를 마시지 않는 것은 위험을 감지했기 때문일까? 그는 다만 이렇게 말할 뿐이다. "먼저 한 차례 더 겨룰 테니 잠깐 그대로 놓아두십시오." 거트루드가 독이 든 포도주를 마시고 난 후, 그는 이렇게 말한다. "난 아직 안 마시겠습니다, 왕비 전하, 그럼 나중에." 햄릿은 포도주가 그의 검술을 무디게 할까봐 두려워하는 것일까? 아니면 그 포도주가 위험하다고 의심하는 것일까? 그는 왕이 "거트루드, 마시지 말아요!" 하고 말할 때도 아무 말을 하지 않는다. 그는 왕의 말을 못 들은 걸까, 아니면 그의 경고를 무시한 것일까? 레어티스는 햄릿과 막상막하의 검술 실력을 발휘한다. 레어티스를 성원하는 구경꾼들 역시 햄릿을 성원하는 구경꾼들 못지않게 많다. 두 사람의 대결은 구경꾼들이 두 편으로 갈림으로써 더욱 흥미를 유발한다.

연극에서 "거트루드, 마시지 말아요!"라는 클로디어스의 대사를 어떻게 처리하느냐가 매우 중요하다. 연출자와 배우가 이 대목을 어떻게 해석하느냐가 연극에 중대한 영향을 끼친다. 클로디어스가 이 말을 속삭이듯 작게 말한다면, 그는 거트루드를 보호하거나 햄릿에게 경고를 보낼 생각이 없는 것이다. 그가 그 대사를 큰소리로 외친다면, 연출자는 햄릿의 반응에 신경을 써야 한다. 그때부터 햄릿이 독의 존재를 알게 된다고 보아야 하기 때문이다.

그는 거트루드가 죽기를 바라는 것일까? 아니면 그녀의 죽음이 햄릿이 살아갈 의지를 잃을 정도로 타격이 되었을까?

또 하나 해결해야 할 문제가 있다. 거트루드의 죽음이 사고사일까, 아니면 자살일까 하는 점이다. 이 의문의 해답을 구하는 데는 거트루드가 햄릿 왕의 살해에 대해 얼마나 알고 있었느냐가 매우 중요하다. 그녀는 햄릿의 잔에 클로디어스가 독을 탔다는 것을 알고 햄릿을 구하기 위해 그 포도주를 마신 것일까? 햄릿이 그녀의 내실에서 폴로니어스를 죽일 때까지, 그녀가 선왕의 살해에 대해 전혀 모르고 있었다면, 햄릿이 미친 사람 같은 어투로 남편을 고발하는 말을 믿었을까? 어쨌든 그녀는 죽고, 그 죽음이 햄릿으로 하여금 그가 연극의 첫머리에서부터 다짐했던 일—클로디어스를 죽이는 일—을 하도록 몰아간다.

레어티스의 죽음과 그가 털어놓는 비밀 또한 햄릿의 결

의를 다지는 촉매 역할을 한다. 레어티스는 자기가 쓰던 칼에 찔려 상처를 입자 "내가 놓은 덫에 내가 걸렸다"고 말한다. 햄릿과 레어티스 두 사람 모두 결코 빠져나올 수 없는 덫에 걸리고 만 것이다.

하지만 햄릿은 해야 할 일을 하지 못했다. 클로디어스가 아직 살아 있는 것이다. 그의 망설임 때문에 죽고 만 사람들의 시체 사이를 걸어가면서 햄릿은 피할 수 없는 마지막 진실과 맞선다. 레어티스가 그에게 음모의 내막을 전해 준다.

햄릿 왕자님, 당신은 죽은 목숨입니다. 이 세상의 어떤 약도 당신을 살릴 수 없습니다. 당신의 수명은 반 시간밖에 남지 않았습니다. 왕자님의 손에 들린 그 몹쓸 도구에는 독이 듬뿍 묻어 있습니다. 그 못된 속임수가 내 목숨도 빼앗았지요. 여기 이렇게 쓰러진 나는 다시는 일어나지 못할 겁니다. 당신 어머니께서도 독을 마셨어요─난 이제 더 이상─왕, 왕이 꾸민 짓입니다.

자기가 이미 죽은 목숨이라는 것을 알아차린 햄릿은 가슴 속에 품어왔던 복수심을 불태우며 클로디어스를 공격한다. 그는 클로디어스를 찌르고, 그래도 성이 안 차서 독을 왕의 목구멍 속으로 쏟아 붓는다. 클로디어스가 죽어갈 때 극적 효과를 높이기 위해, 모인 사람들이 합창한다. "반역이다! 반역이다!” 클로디어스가 간청한다. “여보게, 친구들, 날 좀 도와주게. 난 다쳤을 뿐이야.”

사랑하는 백성들이 과연 그를 반역자로 취급할 것인지 햄릿이 가늠하는 동안 긴장이 고조된다. 어쨌든 하늘의 위임을 받아 통치하는 왕을 죽인다는 것은 대반역이기 때문이다. 그러나 궁정에 모인 신하들은 동요하지 않고, 클로디어스는 죽는다. 정의로운 복수라는 햄릿의 생각이 받아들여진 것이다.

이제 햄릿은 죽음을 맞아야 한다. 원한을 털어내기 위해 화해를 해야 한다. 그는 먼저 레어티스와 화해한다. 두 사람은 서로를 용서하고 생전에 저지른 죄에서 해방됨으로써 서로를 기독교의 천국에 위탁한다. 햄릿에게는 아직 할 일이 하나 더 있다. 그것은 그를 살아 있게 했던 말, 그에게 버팀목이 되면서 동시에 고통의 원천이었던 말의 통로를 마련하는 일이다. 그래서 그는 충실한 벗 호레이쇼에게 자기 이야기를 세상에 전해 달라고 부탁한다.

햄릿의 침착한 거울인 호레이쇼가 이제 사고와 행동, 말과 행동 간의 갈등을 해결하는 책무를 지게 된다. 햄릿은 숨이 끊어질 무렵 폴란드에서 전투를 마치고 덴마크로 진군한 포틴브라스에게 마지막 유언을 남긴다. 포틴브라스가 말의 의미를 중시하고 덴마크의 영광을 회복시켜줄 인물이라고 알아보고 그에게 덴마크 왕위를 넘기는 것이다. 이어 햄릿은 숨을 거둔다. “휴식은 침묵이다.”

포틴브라스는 즉시 군사들에게 피로 얼룩진 시합장을 깨끗이 치우라고 명한다. 그리고 햄릿에게 영웅의 장례를 치러주라고 지시함으로써 혼란을 수습한다. 그가 클로디어스의 치세에 만연되었던 부패와 덴마크를 지배했던 '육욕적이고 피비린내 나는 부자연스러운 행동'(호레이쇼의 대사)을 없앨 것으로 기대된다.

우리는 연극을 마감하는 포틴브라스의 힘차고 솔직한 다음 대사를 들으며 모든 일이 원만하게 수습되리라는 것을 알게 된다.

시신들을 치워라. 이것은 전쟁터에나 어울리는 광경, 이곳 궁정에는 어울리지 않으니.

마지막 장은 또한 복수의 삼각관계를 완결한다. 살해된 모든 아버지(햄릿 왕, 포틴브라스 왕, 폴로니어스)의 아들들이 모두 복수를 마무리짓는 것이다. 아들들은 기독교적 용서를 실천함으로써 중세의 명예 윤리를 다소 완화시킨다. 가장 중요한 점은 햄릿이 마침내 전사가 되었다는 것이다.

2막에서 첫 번째 배우가 언급한 아킬레스의 아들 피로스처럼 햄릿이 '자기 의지에 반해 멍하니' 서 있기를 그만둔 것이다. 잠시 멍하니 있던 피로스는 '다시 복수심을 불태우며' 프리암 왕을 죽였다. 마찬가지로 햄릿도 우유부단함을 극복하

고 클로디어스를 죽였다. 그리고 피로스처럼 영웅으로서의 영
예를 누리며 매장된다.

인물분석 노트

햄릿 ○

클로디어스 ○

거트루드 ○

폴로니어스 ○

오필리아 ○

레어티스 ○

호레이쇼 ○

○ 햄릿

햄릿은 수수께끼 같은 인물이다. 비평가들이 아무리 여러 방식으로 그를 연구해도 분명하게 규명하지 못한다. 햄릿은 살아 숨 쉬는 인간의 다양한 면모를 갖추고 있으며, 따라서 누구나 자기 방식대로 그를 이해한다. 길든스턴에게 하는 햄릿의 말은 그를 알고자 하는 모든 사람에게 해당된다. "자네는 내 신비의 심장을 뽑아내려 하는군." 우리 가운데 그 누구도 그런 일을 할 수는 없다.

그 어려움은 우리가 그를 볼 때마다 그가 다르다는 사실에서 기인한다. 실제 인물을 이해할 때도 그렇지만, 문학작품 속의 인물들을 이해하는 경우에 우리의 인식은 우리가 무엇에 주목하느냐에 따라 좌우된다. 햄릿은 너무나 완벽한 인물이기 때문에 우리와 그와의 관계는 우리가 그를 찾을 때마다 달라진다. 그는 계속 우리를 놀라게 한다. 관객들이 늘 그를 사랑하게 되는 비밀이 바로 거기에 있다. 관객들은 그에 대해 결코 지루해 하지 않는다.

햄릿의 성격에 나타나는 모순된 점이 사람들을 그에게 끌리게 한다. 그는 완벽한 인습 타파주의자이며, 엘시노 사회에서 스스로 추방된 이방인이며, 동시에 국민의 사랑을 받는 덴마크의 영웅이다. 그에게는 친구가 남아 있지 않지만, 호레이쇼는 무조건 그를 사랑하고 있다. 그는 화가 나 있고 풀이 죽어 있으며 우울하고 생각에 잠겨 있다. 또 광인이며 들떠 있고 열정적이다. 어둡고 자살을 생각하며 자기 자신과 자기 운명을 혐오한다. 그러나 동시에 삶을 있는 그대로 받아들여야 한다고 생각하고, 또 정면으로 운명과 맞서기로 하는 실존주의적 사고자다. "우리는 조짐을 믿지 않는다. 참새 한 마리가 죽어도 다 신의 섭리에 따라 그렇게 되는 것이다."

햄릿은 삶에 참여할 뿐 아니라 예리하게 관찰하기도 한다. 그는 (숙부 클로디어스로 대표되는) 덴마크 사회의 부패를 인식하지만 그것을 어느 한 사람의 탓으로 돌릴 수 없다는 것도 이해하고 있다. 그는 인간의 노력을 구성하고 있는 뜻밖의 결과를 인식하고 있으며 그것을 음미한다. 그는 "인간은 나를 기쁘게 하지 않는다"고 말하지만, 모두의 성격에 내재된 모순에 흥미를 느낀다. "인간이란 얼마나 놀라운 작품인가! 그 이성은 매우 고매하고, 그 능력은 무한하고, 그 모양과 움직임은 표현력이 풍부하고 찬양할 만하며, 그 행동은 천사 같으며, 그 걱정은 신과 같지 않은가!"

햄릿은 예리하게 주변 세계를 관찰할 뿐 아니라, 자기 자신도 신랄하게 비판한다. 독백을 통해 말만 늘어놓고 행동하지 못하는 자신을 책망한다.

햄릿은 말을 비틀고 조작하는 데 아주 능란하다. 자기가 '독사만큼밖에 신임하지 않는 명목상의 친구들인 로즌크랜츠와 길든스턴을 야망에 관한 그의 논술로 혼동시키고, 그들의 말을 돌려서 그들이 마치 왕보다 거지들을 더 찬양하는 것처럼 보이게 만든다. 그리고 그들을 폴로니어스의 시체를 찾아 헤매도록 유도한다. 그는 공공연하게 말장난으로 폴로니어스를 조롱하지만, 노인은 그 말의 뜻을 몰라 쩔쩔맨다. 그는 클로디어스와도 계속 말싸움을 벌인다. 클로디어스는 햄릿의 재치에 담긴 위험을 감지하지만, 그 재치 넘치는 말로부터 자신을 방어할 만큼 명석하지는 않다.

말은 햄릿과 늘 함께 하는 친구이자 무기이고 방어수단이다. 그러나 말은 또한 햄릿의 감옥 역할도 한다. 그는 모든 각도에서 자기가 처한 상황을 분석하고 검증한다. 그러다 보니 쉽사리 결단을 내리지 못한다. 그는 "자기가 헤라클레스와 다르듯이 클로디어스가 자기 아버지와는 다르다"고 말하는데, 이것은 자기가 말의 노예가 되어 있다는 것, 자기에게 진실의 칼로 정곡을 찌를 능력이 없다는 것을 인식하고 있음을 나타낸다. 햄릿은 신비로운 인물이 아니다. 그는 말의 지배를 받기 때문에 행동하지 못하고, 아버지의 죽음을 복수하지 못하는 인간일 뿐이다.

난 참 바보로구나!
살해당한 아버지의 복수를 해야 할 내가,
하늘과 지옥이 다같이
그 복수를 재촉하는데

창녀처럼 욕이나 늘어놓으면서

내 응어리진 가슴을 말로 풀다니

참 한심하도다.

햄릿과 말과의 묘한 관계는 그가 1603년경에 처음 등장한 이래로 관객들을 사로잡아 왔다. 하지만 그의 성적인 성향에 관한 논쟁 역시 똑같이 사람들을 매료시키고 역겨움을 준다.

햄릿은 어머니와 사랑에 빠져 있는가? 햄릿이란 인물을 정신분석학적으로 살펴보면 햄릿이 어머니에 대한 부자연스러운 사랑에 빠져 있다는 프로이트의 이론을 수긍하게 된다. 햄릿은 분명히 의붓아버지를 미워하고 클로디어스와 거트루드 간의 근친상간적 관계를 혐오한다. 그러나 질투심이 증오를 자극하는지, 어머니에 대한 사랑 때문에 오필리아를 사랑할 수 없는 것인지, 또 과연 거트루드를 성적으로 원하는지는 모두 해석에 따라 그 대답이 달라진다. 그리고 어떤 해석도 흠이 없을 수 없다.

햄릿의 애정생활은 청교도적인 그의 성향의 결과일 수도 있다. 그 무렵 영국에서 점점 수가 늘어나고 있던 청교도들이 그랬던 것처럼, 햄릿은 사랑과 성에 관해 매우 청교도적이다. 그는 거트루드가 클로디어스의 접촉을 기뻐하는 것을 보고 질색을 하며 여자들을 싫어한다. 클로디어스와 거트루드의 관계에 대한 그의 분노는 어머니와 함께 있고 싶은 욕망 때문이기도 하지만 성행위에 대한 혐오감 때문일 수도 있다.

햄릿은 사랑에 겁먹은 심한 여자혐오자인지도 모른다. 그는 성적인 암시와 조롱으로 오필리아를 학대하고 수녀원에나 가라고 한다. 여기서 수녀원은 성욕 억제와 성적 도착을 상징한다.

햄릿이 미친 것이냐, 단순히 미친 척하는 것이냐에 대한 결론을 내린다고 햄릿의 본성에 관한 모든 의문을 해결할 수 있을까? 미친 사람이 과연 그렇게 능란하게 술수를 써서 자기에게 닥칠 운명을 로즌크랜츠와 길든스턴이 대신 뒤집어쓰도록 할 수 있었을까? 그는 계산적이고 범죄적인 광인인지도 모른다. 아니면 가면이나 의상처럼 지니고 다니는 광증이 실제로 그를 움직이는 추진력이 되고 있는지도 모른다.

햄릿의 광증이 그의 비극적인 결함이 될 수 있을까? 아니면 자기가 미친 척하고 있다고 생각하는 것이 그의 결함일까? 말이 그의 비극적 결함일까? 아니면 위대한 비극적 영웅들을 죽게 만드는 그 오만함을 그가 지니고 있다는 사실, 즉 누구는 살고 누구는 죽고 누구는 용서하고 누구는 벌을 받을지를 자기가 결정할 수 있다고 믿는 사실이 그의 비극적 결함일까? 그렇다면 유령은 그 자신의 양심이 나타난 것이지 실제로 존재하는 것이 아닐지도 모른다.

과연 햄릿은 비극적인 주인공인가? 그리스의 철학자 아

리스토텔레스는 비극적 주인공의 원형으로 오이디푸스를 꼽았다. 오이디푸스는 권력의 정점에서 그 자신의 결함 때문에 실각하고 그 주위에 있는 모든 사람을 함께 몰락시킨다. 햄릿은 큰 권력을 가지고 있지는 않다. 다만 클로디어스가 그를 두려워하고 또 그의 인기를 인정하는 것으로 보아 그가 백성들의 신망을 잘 요리한다면 장차 권력을 손에 넣을 수 있으리라는 것은 분명해 보인다. 그가 왕위를 얻지 못한 것은 자신의 결함 때문이기도 하지만 외부적 요인들 때문이기도 하다. 그러나 그 역시 몰락하면서 주위의 인물들을 함께 몰락시킨다.

"비극과 보통사람"이라는 글에서 비극을 재정의한 아서 밀러처럼, 셰익스피어도 아리스토텔레스의 정의를 시대에 맞게 수정해서 더 많은 사람들이 공감할 수 있는 비극적인 주인공을 창조한 것인지도 모른다. 비극적 주인공은 우리들 안에 있는 동정심과 공포감을 불러일으키고 우리는 그에게서 인생을 배우게 된다는 아리스토텔레스의 요건을 햄릿은 충족시키고 있다. 햄릿 역시 우리처럼 수많은 고민에 의해 혼돈되고 미혹당하기 때문에 우리의 주인공인 것이다.

○ 클로디어스

셰익스피어가 만들어내는 악한들은 복잡하다. 엘리자베스 1세와 제임스 1세 시대에 인기가 높았던, 그 이전의 복수극이나 도덕극의 주인공답지 않은 주인공들과는 달리, 셰익스피어가 그려내는 범죄자들은 절대악이라는 단순한 명확성을 결여하고 있다. 클로디어스는 그런 악한의 대표격 인물이다.

클로디어스는 사교술에 능하고 매력이 넘친다. 그는 '사랑하는 형의 죽음'에 대한 깊은 슬픔과 아내에 대한 찬사를 훌륭하게 표현할 수 있는 인물이다. 그는 성대한 장례식의 가치를 잘 알고 있지만, 재빨리 조의를 축하로 바꾸고 장래의 일을 해결하는 방향으로 나아간다. 그는 결단력 있는 인물로 공평한 정치를 펴고, 침실에서는 여자를 다룰 줄 안다.

왕비는 클로디어스와 결혼했고, 아들 앞에서도 그를 감싼다. 사실 그녀는 무슨 일에서나 클로디어스에게 반대하지 않는다. 그가 매사에 어둡고 음울한 인물이었다면, 그녀는 그를 두려워하고 경멸했을 것이다. 그녀는 그가 사랑하는 아들을 죽음의 구렁텅이로 보내는 조치를 취할 때도 기꺼이 그의 뜻에 따른다. 그녀에 대한 그의 사랑은 성실했다고 봐야 할 것이다. 그는 4막 끝부분에서 그녀에 대한 감정을 설명하지만, 사실 극 전체에서 그런 감정을 계속 행동으로 나타내고 있다.

그의 어머니 왕비는

그의 표정을 보고 살다시피 한다고 할 수 있지.

나로 말하면, 그게 좋은 것인지 나쁜 것인지는 모르지만

그녀는 나의 삶과 떼려야 뗄 수 없는 존재,

별이 제 궤도를 벗어나지 못하듯

난 그녀가 없이는 살 수 없지.

누군가를 이렇게 사랑하는 사람을 그저 비정한 살인자라고 할 수는 없다. 햄릿과 마찬가지로 그 역시 서로 상반된 욕구 때문에 이러지도 저러지도 못하고 있는 것이다.

그는 자신의 '죄가 더럽고 그 악취가 하늘까지 이른다'는 것을 알고 있지만, 결코 하느님께 속죄할 생각이 없다고 시인한다. 그 죄가 가져다준 것을 포기할 생각이 없기 때문이다. 그는 자기 행동의 결과를 받아들일 의지가 있다.

어떤 면에서는 클로디어스가 햄릿보다 더 영웅적이다. 그는 운명을 조작하고 정당하게 자기 것이 아닌 것을 취하며, 그러고서도 자기 행동에 대해 사과하지 않는다. 그는 똑같은 행동을 다시 할 생각이 있다고 인정할 만한 힘을 지니고 있다. 반면에 햄릿은 도덕적으로 타락한 클로디어스를 응징해야 한다는 양심의 명령에 쫓기면서 그 목적을 달성하기 전에 여섯 명의 죄 없는 사람들을 죽음으로 몰고 간다. 클로디어스는 자기 행동에 대한 책임을 모두 받아들여 악한 본성을 다소나마 벌충한다.

셰익스피어의 희곡에 나타나는 악역의 특징은 주인공과 비슷한 특징을 가지고 있다는 것이다. 클로디어스와 햄릿은 둘 다 목적이 수단을 정당화한다고 믿고, 그 목적을 이루기 위해 인간성과 인간다움을 희생한다.

클로디어스가 악한인 것은 햄릿은 정당한 반면 그는 정당하지 못하기 때문이다. 클로디어스는 살인을 저지르고 거짓말을 하는 비열한 인간이다. 반면에 햄릿은 여러 사람들이 보는 데서 살인을 하고 양심의 가책으로 괴로워한다. 클로디어스는 양심을 타락시키고 하느님의 용서를 빌지도 않는다. 햄릿은 회개하고 죽기 전에 죄를 사면받는다. 클로디어스는 죄를 사면받지도 않고, 사면을 받으려고 애쓰지도 않는다. 햄릿은 천국에서 영생을 누리겠지만, 클로디어스는 지옥불에서 고통을 당할 것이다.

○ 거트루드

거트루드는 성격을 규정지을 만한 근거가 별로 없는 모호한 인물이다. 우리는 그녀가 직접 하는 말보다는 다른 사람들의 말을 통해 그녀의 성격을 탐구할 수 있다.

그녀에게 덴마크의 왕위계승권이 있다는 사실은 그녀가 어느 정도의 권력을 행사하고 있고, 또 클로디어스가 그녀와 결혼하기로 한 것이 정치적 의미를 가진 행동이었음을 보여준다. 그러나 햄릿은 그녀를 마음이 잘 변하는 여자라고 함으로써 모든 여자들을 고발하고 있다. "약한 자여, 그대 이름은 여자이니라." 우리는 햄릿을 통해 한때는 그녀가 사랑하는 왕의 그늘 밑에서 순종하며 살았던 여인의 모습을 보게 된다. 왕이 죽은 후 그와는 정반대되는 인물과 사랑과 정치로 맺어진다.

거트루드에 관한 가장 중요한 의문은 클로디어스가 범

죄자라는 사실을 그녀가 아느냐 모르느냐다. 그녀는 남자를 통해 살아야 하는 의존적인 여자에 불과할까? 그녀가 클로디어스와 공모해서 햄릿 왕을 죽이고 햄릿 왕자의 왕위계승권을 찬탈한 것일까?

희곡의 내용만으로는 어떤 결론도 내릴 수 없다. 햄릿 왕의 유령은 그녀를 '가장 덕성스러워 보이는 왕비'라고 부른다. 유령은 햄릿에게 "그녀가 천국에 가도록 내버려두라. / 그녀의 가슴에 있는 가시들이/그녀를 찌르고 쏘도록 하라"고 간청한다. 이 말은 그녀에게 허물이 없는 것이 아니라 죄인일 수도 있다는 뜻을 함축한다. 나중에 유령은 햄릿에게 그녀를 위로하라고 부탁한다. "하지만, 봐라, 네 어머니가 놀라는구나. / 그녀와 그녀의 괴로운 영혼 사이에 끼어들어가거라." 역시 유령은 그녀를 보호하면서도 그녀가 괴로워할 이유가 있다는 것을 암시한다.

그녀는 로즌크랜츠와 길든스턴이 엘시노 성에 도착하자, 햄릿이 그들에 대해 말할 때의 그 말투를 듣고 불렀다고 하면서 '왕의 하사금'으로 부끄럽지 않은 넉넉한 보수를 주겠다고 약속한다. 그녀는 햄릿을 걱정하면서도 햄릿이 클로디어스에 대해 알고 있는 것을 말할 때, 영국으로 가는 것에 대한 두려움을 토로할 때, 햄릿이 덴마크 왕국에 무언가가 썩었다는 것을 분명히 입증할 때도, 햄릿을 보호하기 위해 클로디어스에 반대하지 않는다. 단지 일부 비평가들의 견해에 따른다면, 그녀는 아들을 보호하기 위해 독이 든 포도주를 마신다. 그녀는 과연 포도주에 독이 들어 있다는 것을 알았을까? 그녀는 햄릿의 죽음을 막기 위해 의도적으로 그 포도주를 마신 것일까?

거트루드는 클로디어스와 레어티스가 음모를 꾸미는 것을 엿들었다면, 모든 내막을 알고 있었을 것이다. 그녀가 클로디어스의 신임을 얻고 있었다면, 그 음모에 공모자로 참여했을 것이다. 클로디어스는 거트루드에 대한 사랑과 찬사를 떠벌이지만, 두 사람의 관계가 얼마나 친밀한지는 결코 털어놓지 않는다. 거트루드는 햄릿에게 비텐베르크로 돌아가지 말라고 부탁할 때 아들에 대한 사랑을 이야기한다. 또 오필리아에게 햄릿과 결혼하면 좋겠다고 말할 때 햄릿이 행복했으면 하는 바람을 드러낸다. 그러나 클로디어스에 대해서는 긍정적인 것이든 부정적인 것이든 어떤 감정도 겉으로 나타내지 않는다.

거트루드라는 등장인물은 해석하는 사람에 따라서 달라질 수 있다. 유능한 배우와 현명한 연출자에 의해 그녀는 클로디어스의 공모자가 될 수도 있고 햄릿의 보호자가 될 수도 있다. 제대로만 연출된다면 어떤 해석도 무리가 없다.

○ 폴로니어스

폴로니어스를 보잘것없는 인물로 그리는 것이 흔히 빠지기 쉬운 오류다. 그가 수다쟁이에다 16세기의 기준으로도 상투적인 경구들을 쏟아내는 것은 사실이지만, 그것들은 건전한 충고이고, 그의 관찰은 예언적인 것으로 입증된다.

폴로니어스는 나이가 많고 치매증세가 있지만, 최소한 정치적으로는 매우 유능한 인물이었던 게 분명하다. 그는 자기가 대단한 인물이 아니라고 하지만, 왕의 고문까지 올라간 사람이다.

폴로니어스 역의 배우는 그가 헌신적인 아버지인가 냉혹한 정치인인가 하는 의문에 대해 생각해 보아야 한다. 그는 야망과 왕에게 버림받을지도 모른다는 두려움 때문에 딸을 희생시키는 것일까? 그는 레이날도를 보내 아들 레어티스를 염탐하도록 하는데 이것은 아들을 사랑해서일까, 아니면 레어티스의 비행이 그에게 미칠 영향을 걱정해서일까? 그는 자녀들의 안위보다 자기 지위에 더 연연하는 것일까? 그렇다면 그는 결국 자기가 놓은 덫에 희생된 것은 아닐까?

○ 오필리아

오필리아는 연기하기 어려운 역이다. 거트루드와 마찬가지로 오필리아 역시 그 성격이 모호하기 때문이다. 여자의 역이 어려운 이유 가운데 하나는 셰익스피어가 여자 주인공들을 묘사하면서 그 역을 연기할 남자들을 염두에 두었기 때문이다. 젊고 어여쁜 오필리아 같은 소녀의 경우, 그 역을 소년이 하도록 대본을 썼다. 소년이 미묘한 여자의 심리나 행동을 연기하는 데는 한계가 있으므로 극작가는 여자 등장인물을 더 충실하게 표현하지 못했던 것이다.

우리는 오필리아가 서로 상반되는 양극에 이끌리며 갈팡질팡한다는 것을 알고 있다. 아버지와 오빠는 햄릿이 그녀를 이용하리라는 것, 즉 처녀성만 빼앗고 그녀를 버릴 것이라고 생각한다. 그녀가 햄릿의 아내가 될 수는 없다고 그들은 믿고 있는 것이다. 그녀는 마음속으로 햄릿의 사랑을 확신하고 있지만, 햄릿은 그녀를 사랑하지 않았다고 단언한다. 아버지와 오빠에게 오필리아는 영원한 처녀다. 충직한 아내, 훌륭한 어머니가 될 덕성스러운 처녀. 햄릿에게는 성의 대상, 부패하고 속임수로 가득 찬 연인이다. 충고해 줄 어머니가 없는 그녀는 이 복잡한 상황을 헤쳐 나갈 방도가 없다.

햄릿의 경우와 마찬가지로 아버지의 말씀은 의심할 수 없다는 중세의 가르침이 오필리아를 지배한다. 하지만 낭만적 사랑에 대한 르네상스적 인식 또한 그녀를 압도한다. 어떻게 아버지에게 순종하면서 사랑에도 충실할 수 있을까? 폴로니어스가 방 안에 숨어서 대화를 엿듣고 있기에 햄릿에게 아버지가 집에 있다고 거짓말을 하는 오필리아는 두 세계에서 동시에 살 수 없다는 것을 입증한다. 그녀는 그 중 하나를 택했고, 그 선택이 그녀의 운명을 결정한다.

그 고민이 그녀를 미치게 한다. 그녀에게는 남자들이 요구하는 상반된 자아를 조화롭게 하고 평형을 유지할 방도가 없었던 것이다. 그 절망이 그녀를 광인으로 만들었고, 그녀에게는 스스로를 치유할 수단이 없다.

○ 레어티스

햄릿은 레어티스를 '매우 고상한 젊은이'라고 부른다. 햄릿은 셰익스피어가 희곡 여기저기에서 분명히 밝히고 있는 것, 즉 레어티스가 햄릿과는 대조적인 인물이라는 것을 인식하고 있다. 그는 여러모로 햄릿과 닮은 데가 있지만 행동은 정반대로 한다. 햄릿은 말이 많고 생각에 잠기는 데 반해, 레어티스는 바로 행동에 옮긴다. 오필리아에 대한 사랑과 아버지에 대한 의무감이 그를 격정적인 행동에 나서게 한다. 반면에 햄릿의 거트루드에 대한 사랑과 햄릿 왕에 대한 의무감은 그를 격정적인 무위(無爲)로 몰아간다. 레어티스는 햄릿이 자신의 말에 최면이 걸리지 않았을 경우의 모습을 보여준다.

○ 호레이쇼

호레이쇼는 충실한 친구의 전형이다. 그는 단 한 번 햄릿의 판단에 의문을 표시하는데, 햄릿이 로즌크랜츠와 길든스턴이 영국에서 죽게 되었다고 털어놓았을 때다. 그 밖에는 햄릿이 내리는 어떤 성급한 결정도 모두 지지한다.

호레이쇼는 햄릿이 되고 싶어하는 사람의 전형이다. 그는 영리하지만 지적 창의성에 좌우되지 않는다. 충동적인 햄릿이 분명해 보이는 진실을 모두 의심하는 데 반해, 호레이쇼는 세상을 주어지는 그대로 받아들이는 것 같다. 마셀러스와 버나도 역시 호레이쇼의 지성을 높이 평가하기 때문에 유령에 대한 그의 견해를 묻는다. 그 누구도 호레이쇼가 너무 말이 많다거나 너무 많이 생각한다고 비난하지 않는다. 호레이쇼는 햄릿의 현란한 말장난을 따라갈 능력은 있지만, 스스로 그런 말장난에 빠질 생각은 가지고 있지 않다. 그는 자신의 정치적 무지가 정치적 몰락으로부터 지켜줄 수 있다고 생각할 정도로 세상물정에 밝지만, 햄릿에게 충성을 다하는 것은 야망 때문도, 어떤 속임수도 아니다.

호레이쇼는 햄릿이 죽은 후 계속 사는 것보다 차라리 자기 칼로 자신을 찌르는 편이 낫겠다고 생각할 만큼 햄릿을 사랑한다. 햄릿 역시 호레이쇼에게 자기 이야기를 후세에 전하라고 부탁할 정도로 그를 깊이 사랑하고 존경한다. 햄릿은 그를 믿기 때문에 진실을 규명할 말을 찾는 과업을 맡긴다. 햄릿으로서는 그 과업 부여가 그의 어떤 시나 철학보다 더 깊은 사랑의 표현이다. 마침내 말보다 행동이 앞서게 된 것이다.

〈햄릿〉과 〈오이디푸스 왕〉에 나타난 자유의지와 운명

오필리아의 고민

〈햄릿〉과 〈오이디푸스 왕〉에 나타난 자유의지와 운명

고전적 비극작가들은 운명과 자유의지 간의 갈등을 중요하게 생각했다. 모든 위대한 비극의 한가운데는, 운명을 절대적인 것으로 받아들이려는 인간의 성향과 운명을 지배하려는 자연스런 욕망 사이의 투쟁이 도사리고 있다. 소포클레스와 셰익스피어는 모두 운명의 세력과 선택의 세력이 인간 생활을 지배하려고 끊임없이 다투고 있다는 데 동의할 것이다. 그러나 두 극작가는 각기 살았던 시대와 문화의 시각에서 그 투쟁을 그리고 있다. 고대 그리스인 소포클레스가 보기에는, 운명이 인간 의지보다 훨씬 강하다. 어떤 인간이 운명에서 벗어나려고 노력하면 할수록, 더욱더 확실하게 그 운명 속으로 빨려 들어가고 만다. 소포클레스가 창조한 인물들은 운명에 저항하다가 그 힘을 인지하고 생각을 바꿔 결국에는 굴복하고 만다. 소포클레스의 희곡들은 인간의 간섭으로 운명을 바꿀 수 있다고 믿게끔 하는 오만에 대해 경고하고 있다. 기독교도인 셰익스피어에게는 선과 악 가운데 하나를 선택하는 것이 인간의 기본적 고민이다. 그가 보기에는 인간의 의지는 정복될 수 없다. 운명이 결국에는 이길지 모르지만, 인간은 자기 선택의 주인으로 남아 있기 위해서 필요하다면 죽을 때까지 싸워야 한다. 그의 선택이 궁극적으로 운명이 그를 이기느냐 이기지 못하느냐, 이긴다면 어떻게 이기느냐를 결정한다.

이 두 관점을 비교하는 것이야말로 소포클레스의 〈오이디푸스 왕〉과 셰익스피어의 〈덴마크 왕자 햄릿〉을 비교 분석할 때 중점을 두어야 할 부분이다.

아리스토텔레스는 〈시학〉에서 〈오이디푸스 왕〉에 기초해 비극을 정의했다. 다시 말해 소포클레스의 희곡을 비극의 원형으로 본 것이다. 영웅은 자기 안에 있는 결함 때문에 파멸한, 상당한 능력을 가진 인물이어야 한다는 생각이 주인공 오이디푸스를 지배하고 있다. 오이디푸스가 명목상으로만 자기 삶을 지배하는 반면, 햄릿의 선택은 직접적이며 결국은 그를 파멸시킨다. 그리스 비극의 전형적인 주인공 오이디푸스는 스스로 장님이 되고 나서야 볼 수가 있다. 그는 장님이 됨으로써 인간이 복종해야만 하는 힘을 이해하려는 인간적 강박 충동으로부터 해방된다. 오이디푸스는 장님이 되어 주위의 세계를 주의 깊게 살피지 않게 되면서 비로소 자신의 내면을 들여다볼 수 있게 된 것이다. 소포클레스의 주인공은 금욕적이고 강하며 완고하다. 그는 운명과 대결하려다가 결국에는 운명에 굴복해 자기를 파괴하고, 비로소 자신의 결함과 실패를 인식할 수 있게 된다.

대조적으로 햄릿은 고통스러울 정도로 자신의 결점과 큰 불의라고 인식하고 있는 것을 바로잡을 힘이 없다는 사실을 깨닫고 있다. 시적이고 사변적이고 철학적인 그는 지적인 조작으로 운명을 방해하려고 한다. 햄릿은 그의 시각을 흐리게 하고 선택을 모호하게 하는 미묘한 회색 그늘을 너무나 분명하게 보고 있다. 그는 현대 비극의 주인공―소용돌이치는 사회악의 바다에 던져져 그 악을 바로잡으려고 싸우다가 패배하는 보통사람―과 닮아 있다. 그는 자신 속에 갇히고 자기 머릿속에 있는 말들의 수인(囚人)이 되어 잠을 못 이루고 휴식도 취하지 못한다. 햄릿은 상당한 능력은 있지만, 그렇다고 반드시 강력하지는 못하며 내부적 힘과 외부적 힘에 파멸당하는 전형적인 셰익스피어의 주인공이다. 서로 상반되는 기대 사이에 살면서 고동치는 양심을 달래려는 싸움, 이 싸움은 햄릿이 이길 수 없다. 어느 한 쪽의 힘이 햄릿의 운명을 결정하는 것이 아니다. 신은 그에게 '이것'을 요구하고, 인간은 '저것'을 요구한다.

그러나 오이디푸스는 신들의 묘한 자비심 속에 안주하고 있다. 신탁에 의해 아버지를 죽이고 어머니와 결혼하게 될 것임을 알고 있는 그는 운명 속으로 빨려 들어간다. 예언에서 벗어나려는 최선의 노력에도 불구하고 극적인 운명의 장난이 그 노력을 허사로 만든다. 오이디푸스는 스핑크스의 압제에서 테베를 해방시킴으로써 그 무서운 예언의 첫 부분을 실현한다. 자기를 왕으로 선택했다는 백성들의 말에 우쭐해진 오이디푸스는 그 도시의 왕비 조카스타와 결혼하라는 그들의 제의를 받아들인다. 이렇게 해서 생모와 결혼하리라는 예언의 두 번째 부분을 실현한다. 오이디푸스는 파멸을 모면해 보려고 하다가 파멸에 이른다. 자신의 자유의지를 작용시킴으로써 운명의 변덕에 자신을 내던지게 된 것이다.

오이디푸스는 다음과 같은 말로 실패를 자인한다. "오, 신이여! 결국 예언대로 되었군요. 빛이여, 이것이 내가 너를 보는 마지막이 되게 하라." 자신의 무력함을 인정한 그에게 마지막 남은 수단은 스스로 장님이 되어 상징적으로나마 그의 실패를 모면하는 것이다. 기독교적 비극의 주인공과는 달리, 오이디푸스에게는 삶의 진로를 바꾸거나 잘못을 보상할 생각은 없다. 그는 지나친 자만심을 드러냄으로써 신들에게 불복종해 왔다. 이제는 신들의 의지에 굴종하고 그에게 내려진 벌을 받아야 한다. 그는 콜로누스로 가서 망명자로 죽으면서 그것이 자기에게 합당한 죽음이라고 만족해 한다. 〈오이디푸스 왕〉에서 인간은 삶을 지배하기 위한 싸움에서 패하고 결국 운명의 변덕에 굴복한다. 신들은 올림포스 산에 앉아서 진흙 인형을 가지고 놀듯이, 또는 장기알을 움직이듯이 인간의 운명을 좌지우지하는 것이다. 자기가 보잘것없는 존재임을 인정한 오이디푸스는 고통을 초월해서 사는 자유, 편안히 죽을 수 있는 자유를 성취한다.

기독교적 비극의 주인공 햄릿에게는 운명은 존재하지만, 인간의 선택이 그 힘을 무력화시킬 수도 있다. 햄릿은 그가 갈 길을 끊임없이 선택한다. 또한 그가 운명에 굴복하지 않으려 하는 것은 종교적 도덕률 때문이기도 하지만, 지적인 사고의 영향 때문이기도 하다. 그는 아버지의 유령이 자기가 살인을 저지르기를 기대하고 있다는 것, 성경은 악인을 처형하는 것이라 해도 살인은 잘못이라고 규정하고 있다는 것, 운명은 그가 십계명을 어기기를 바라고 있다는 것을 알고 있다.

〈햄릿〉에서는 햄릿에게 클로디어스를 벌하라고 지시하는 햄릿 왕의 유령이 운명을 상징한다. 유령은 클로디어스가 형을 죽임으로써 '가장 극악한 살인'을 저질렀으므로 죽어 마땅하다고 토로한다. 햄릿은 운명에 복종하거나 운명을 무시하고 그 결과를 기다리거나 둘 중 하나를 택할 수 있다. 햄릿은 행동하기를 거부함으로써 계속 이 선택을 회피하다가 심리적 갈등에 시달려 결국에는 복수하기로 마음을 굳힌다. ("눈에는 눈"의 가치관을 중시하는) 원시적 세계와 ("살인하지 말라"는 계명을 주는) 개화된 세계 사이에서 그는 괴로워한다. 유령은 그에게 양심을 억누르고 행동에 옮길 것을 요구하지만 정반대되는 명령 사이에서 오도 가도 못하는 것이다.

〈오이디푸스 왕〉에서는 왕의 타락이 신민들 사이에 병을 일으켰다. 역병이 테베에 번졌고 오이디푸스의 처벌과 퇴위만이 백성들을 죽이는 병을 없앨 수 있다. 오이디푸스는 도시국가에서 신들의 적을 몰아냄으로써 모든 것을 바로잡을 수 있다고 믿는다. 하지만 자신의 길을 택할 수 있다고 생각할 만큼 오만한 그가 바로 그 적이다.

한편, 〈햄릿〉에서는 그의 고결성을 더럽히려고 위협하

는 부패한 사회가 햄릿과 대치하고 있다. 왕과 그 일당들은 술을 너무 많이 마시고 너무 자주 노름을 한다. 클로디어스 왕은 게으른 건달로 덴마크 전역에 오명이 자자하다. 햄릿은 그의 나라를 사로잡고 있는 타락풍조를 바로잡을 의무가 자기에게 있다는 것을 알지만, 또한 그 잘못을 바로잡으려면 가장 극악한 죄를 범해야 한다는 것도 알고 있다. 그는 하느님의 일과 하느님이 권하는 일 사이에서 갈팡질팡하고, 그 구분조차 모호하다. 그가 만약 자기 뜻을 바꿔 운명에 복종할 수 있다면, 더 빨리 평안을 얻을 수 있을 것이다. 하지만 끊임없이 인간의 의지를 작용시키는 것이 햄릿이 지고 있는 십자가다. 그는 죽음 속에서 겨우 평안을 발견하게 된다. 선택을 하지 않는 것조차도 그의 자유의지의 작용이다. 무위도 행동이나 마찬가지로 선택이기 때문이다. 햄릿은 신에게 선택에서 벗어나게 해달라고 요구할 수도 없다. 기독교의 신은 자유로이 선택하는 복종을 요구하기 때문이다. 오이디푸스는 의지를 버리고 신들로 하여금 멋대로 자기를 주무르도록 해야 하는 반면, 햄릿은 의지에 따라 신이 인도하는 대로 따라야 한다.

　　햄릿은 지성인이다. 그는 자신의 삶과 거기에 수반되는 모든 사건을 합리적으로 설명하고 모든 것을 주의 깊게 분석한 후에야 받아들인다. 그러나 올림포스 산의 권력자들은 오이디푸스를 마음대로 주무른다. 햄릿은 하느님이나 운명을 탓할 수 없다. 어떤 보이지 않는 손도 햄릿의 삶과 죽음을 지배하지 않는다. 자신의 의지가 그 결과를 결정할 뿐이다. 오이디푸스가 인간은 신들의 장난감에 불과할 뿐이라는 그리스인들의 종교적 확신을 반영하고 있는 반면, 햄릿은 인간의 정신이 자신의 주인이자 신을 따르기로 선택하는 주체라는 기독교도들의 열렬한 믿음을 나타내고 있다.

햄릿도 오이디푸스도 자유의지와 운명 간의 논쟁에 결론을 내려주지는 못한다. 인간이 사고력을 가지고 있는 한, 이 문제가 문학을 지배할 것이다. 이 둘이 인간의 심리를 지배하려고 경쟁하는 방식에 대한 관심이 철학과 예술의 생기를 유지시켜줄 것이다.

오필리아의 고민

거트루드는 나뭇가지가 부러지는 바람에 오필리아가 강물에 빠졌다고 말하지만, 교회는 그녀가 자살했다는 이유로 격식을 갖춘 기독교적 매장을 허락하지 않는다.

이 문제에 대해서는 두 가지 해석이 가능하다. 하나는 셰익스피어의 글에서 발견되는 앞뒤가 모순되는 경우의 한 예라는 것이다. 이런 경우는 적지 않게 발견된다. 〈햄릿〉에서는 이런 대목이 그리 흔치 않지만, 다른 작품들에서는 아주 많다.

또 하나의 해석은 셰익스피어가 햄릿의 죄를 부풀리기로 했다는 것이다. 거트루드가 레어티스와 클로디어스에게 상황을 전할 때 사건의 전말을 제대로 몰랐을 수도 있다. 또는 레어티스를 생각해서 사실의 일부를 숨겼는지도 모른다. 어쨌든 사제의 훈계가 그녀의 자살을 뒷받침하고 있다. 그렇다면 오필리아는 왜 자살했을까?

오필리아는 햄릿에 대한 사랑 때문에 미친 것일까? 아니면 여자들에 대해 불가능한 기대를 한 사회의 희생물이 된 것일까? 만약 그녀에게 스스로 생각할 자유가 있었다면, 이 문제를 뚫고 나갈 수 있었을 것이다. 하지만 아버지와 오빠의 지시와 햄릿의 파격적 요구 사이에서 갈팡질팡하던 그녀는 강물에 몸을 던지는 길밖에 다른 대안을 찾지 못했다.

처음부터 오필리아는 전혀 잘못 계산된 것인지도 모를 남성의 판단에 의해 정의된다. 레어티스는 그녀가 무대에 처음 등장하는 장에서 햄릿은 그녀를 노리개로 여길 뿐이며 그녀는 왕자의 진정한 사랑을 받을 만한 신분이 못 된다고 경고한다.

또 햄릿이 비록 지금은 '너를 사랑할지 모르지만' 결국에는 "자신의 신분에 따른 행동을 하게 될 것"이라고 말한다. 햄릿은 '신분이 높지 않은 사람처럼' 배우자를 선택할 수 없을 것이라는 말이다. 햄릿은 나라의 뜻에 따라야 할 것이고, 결국 그는 그녀의 마음을 아프게 할 수밖에 없으리란 얘기다. 만약 오필리아가 햄릿에게 처녀성을 바친다면 그녀는 수치를 당하게 될 것이다. 오빠의 기대는 누이가 순결해야 하는데, 햄릿에게는 성의 대상 이외에는 아무 가치도 없다는 것이다.

폴로니어스는 오필리아에게 햄릿과 어떤 관계냐고 묻는다. 젊은 왕자가 그녀에게 접근해 왔느냐고 묻는다. 그녀는 햄릿이 사랑한다고 말했고 자기도 그 말을 믿는다고 대답한다. 폴로니어스는 딸을 '풋내기 소녀'라고 하면서 햄릿의 말을 곧이곧대로 믿다니 너무 순진하다고 나무란다. "아버지, 난 어떻게 생각해야 할지 모르겠어요." 아버지는 그녀에게 생각하지 말고 그냥 처녀로 남아 있으라고 이른다. 그래야 아버지에게 수치를 주지 않는다는 것이다.

폴로니어스는 아들에게 "네 자신에게 진실하라"고 말했지만, 오필리아에게도 자아가 있을지 모른다는 가능성, 아버지와 오빠와는 상관없는 의지를 가지고 있을지도 모른다는 가능성을 부인해 버린 것이다. 아버지는 딸에게 그런 선택의 기회를 아예 주지 않는다.

그 시대의 여자들은 남자들의 가재도구가 되도록 훈련받았다. 그들은 뜨개질과 바른 성정(性情), 그리고 굴종을 배웠다. 글을 쓰거나 읽고, 스스로 생각하도록 고무되지 않았다. 레어티스와 폴로니어스는 오필리아가 처녀라고 가정하고, 그녀를 미래의 남편에게 몸값을 받고 팔 그들의 재산으로 생각한다.

반면에 햄릿은 그녀가 정절이 없다고, 화냥질을 한다고 나무라고, 수녀원으로 가라고 하는데 이 말은 그녀가 창녀보다 나을 게 없다는 뜻을 함축하고 있다. 그가 그녀를 만나 그녀의 아버지가 어디 있느냐고 물을 때, 그녀가 대답할 수 없다는 것을 안다. 폴로니어스가 근처에 숨어 있다는 것을 알고 있으니까. 하지만 아버지가 있는 곳을 밝힐 수 없는 오필리아는 조그만 목소리로 "집에 계세요, 왕자님" 하고 대답한다. 그 대답에 그가 화를 낸다. 거짓말을 했기 때문이다. 그녀는 그럴 수밖에 없었고, 그 결과 햄릿의 신임을 잃는다.

앤 톰슨은 "여성의 비극, 셰익스피어와 여권주의적 비평"에서 셰익스피어의 작품에 나오는 남자들은 여자의 특성을 제대로 알고 있지 못하다고 지적했다. 남자들은 그들의 여자를 완전히 잘못 읽고 있고, 흔히 비극적인 결과를 낳는다.

오필리아의 경우가 그렇다. 주위의 남자들은 그녀를 잘못 생각하고 있다. 그들은 멋대로 가정을 하고, 그 가정에 근거해 요구한다. 하지만 오필리아는 그 요구에 응할 수 없다. 그 요구의 밑바탕이 되고 있는 가정이 그릇된 것이기 때문이다.

오필리아는 결혼할 때까지 아버지와 오빠에게 복종해야 하는 가부장적 사회에서 살고 있다. 그런 그녀가 햄릿 왕자와 사랑에 빠진 것이다. 그녀가 햄릿과 성적 관계까지도 가졌다는 강한 증거가 있다. 그 시대에 통용되던 사회적 관습에 얽매인 그녀가 사실이 밝혀질 경우 가족을 파멸시킬 행동을 한 것이다. 아버지가 연인의 손에 죽자 오필리아는 혼자 죄의식에 괴로워한다.

　세익스피어 작품에 등장하는 다른 많은 여주인공들과
달리, 오필리아에게는 남성 보호자들의 맹목성에서 그녀를 지
켜줄 여성 보호자가 없다. 그녀는 자기 행동을 합리화하거나
희극의 경우처럼 남자들에게 교훈을 가르칠 만큼 영리하지도
않다. 그녀는 윤리를 어겼으므로 이제 삶은 무가치하다. 따라
서 죽을 수밖에 없다.

　남자들이 오필리아의 세계를 지배한다. 그러나 그들은
너무 많이 요구하고 너무 많은 모순점을 지닌 사람들이다. 그
녀는 그들의 뜻에 순종할 수도, 자신의 의지를 주장할 수도 없
다. 그녀의 자아가 존재하지 않기 때문에 그녀는 살 수 없다.

이 부분은 원작에 대한 이해력을 테스트하는 난입니다. 다음의 세 가지 코너를 차례로 끝내면, 〈햄릿〉에 대한 포괄적이고 의미 있는 파악이 가능해질 것입니다.

A　다음 질문에 알맞은 답을 고르시오.

1. 희곡의 첫머리에서 오필리아와 햄릿은 어떤 관계인가?

   a. 학교 친구

   b. 친척

   c. 사랑하는 사이

   d. 두 사람은 만난 적이 없다.

2. "사느냐 죽느냐…" 독백에서 햄릿이 결정하려고 한 것은 무엇인가?

   a. 아버지의 유령이 진짜인지 여부

   b. 그의 삶이 살 가치가 있는지 여부

   c. 왕이 되기 위해 클로디어스를 죽여야 하는지 여부

   d. 왜 성급하게 재혼을 했느냐고 거트루드에게 따져야 할 것인지 여부

3. 궁정에 찾아온 배우들이 하는 주된 역할은 무엇인가?

   a. 햄릿이 아버지의 유령이 진실을 말하는지 여부를 판단하도록 도와준다.

   b. 햄릿의 주의를 딴 데로 돌려 슬픔을 잊게 해준다. 그럼으로써 클로디어스에게 햄릿을 죽일 충분한 시간을 마련해 준다.

   c. 거트루드에게 전 남편이 어떻게 죽었는지 알려준다.

   d. 포틴브라스의 군대가 엘시노 성을 포위하는 동안 궁정에 있는 사람들의 주의를 딴 데로 돌리도록 한다.

4. **왜 유령이 거트루드의 내실에 나타나는가?**

    a. 거트루드에게 햄릿이 미치지 않았다는 것을 입증하려고

    b. 거트루드에게 클로디어스가 살인자라고 경고하려고

    c. 거트루드가 빨리 재혼한 것을 용서한다고 알리려고

    d. 거트루드를 햄릿의 지나친 분노로부터 보호하려고

5. **연극이 끝날 때까지 살아남는 사람은?**

    a. 오필리아

    b. 거트루드

    c. 로즌크랜츠와 길든스턴

    d. 호레이쇼

정답: 1. c 2. b 3. a 4. d 5. d

B 원작에서 다음 인용문을 찾아, 그 장면에 대해 설명하시오.

1. 훌륭한 왕자여, 잘 쉬시오. 천사들이 날면서 당신에게 자장가를 부르는군요.

2. 높은 사람들의 광증은 그냥 두어서는 안 되지.

3. 내가 보기에 저 여자는 너무 맹세를 많이 하는군.

4. 돈은 꾸어주지도, 꾸지도 말아라. 돈을 꾸어주면 돈도 잃고 친구도 잃는 법이란다. 또 돈을 꾸면 검약의 날이 무디어진단다.

5. 덴마크에서 무언가가 썩고 있다.

모범답안: 1. 5막 2장에서 호레이쇼가 햄릿의 시체를 향해 하는 말. 2. 3막 1장에서 클로디어스가 폴로니어스에게 하는 말. 3. 3막 2장에서 거트루드가 햄릿에게 하는 말. 〈쥐덫〉이 공연되는 동안, 햄릿이 "어머니, 연극 어떻습니까?" 하고 묻는 말에 대한 대답이다. 4. 1막 3장에서 폴로니어스가 파리로 떠나는 아들 레어티스에게 세상을 살아가는 법, 처신에 대한 충고. 5. 1막 4장에서 마셀러스가 호레이쇼에게 하는 말. 마셀러스, 호레이쇼, 햄릿은 방금 유령을 보았다. 당시 사람들은 유령이나 그 밖의 초자연적 현상을 나라에 흉사가 닥칠 조짐으로 생각했다.

C **다음 주제에 관해 간단히 서술하시오.**

1. 클로디어스는 어떤 왕인가? 그가 그런 왕이며 그런 사람임을 입증하는 증거로는 어떤 것이 있는가? 그것은 그의 겉모습인가, 아니면 진짜 성격인가?

2. 햄릿이 유령의 존재에 대해 느끼는 갈등은 무엇인가? 그는 왜 클로디어스가 죄를 고백한 후에도 계속 유령의 '정직성'을 의심하는가?

3. 셰익스피어가 햄릿과 대조되는 인물로 창조해낸 등장인물들을 열거하라. 그 등장인물들이 왜 이 희곡에서 중요한가?

4. 5막 첫머리에 등장하는 무덤 파는 사람들의 역할을 설명하라.

5. 햄릿이 하는 말을 다음과 같은 항목으로 분류해서 각각의 예를 찾아보라.

   - 복수자로서 하는 말
   - 철학자, 감정에 흔들리지 않는 추리자로서 하는 말
   - 자기 비판적이고 자기 지향적인 배우로서 하는 말
   - 빈정대는 관찰자로서 하는 말
   - 절망적인 인간 조건을 한탄하는 비관적 관찰자로서 하는 말
   - 결단을 내리려고 애쓰는 우유부단한 인간으로서 하는 말

6. 원작을 보고 주제와 주인공들, 그리고 연극의 줄거리를 이끌어가는 다섯 가지 질문을 찾아보라. 그 질문들이 왜 중요하며, 셰익스피어는 왜 그 질문들을 해답이 아닌 질문으로 제시하고 있는지 설명하라.

7. 죄와 구원에 대해 햄릿이 가지고 있는 생각이 그의 성격 발달과 줄
    거리의 전개에 미치는 영향을 설명하라.

8. 〈햄릿〉에 들어 있는 복수 줄거리 세 개를 찾아내고, 왜 각각의 줄거
    리가 연극의 전개에 중요한지 설명하라.

一以貫之
논술노트

- 햄릿, 밀실과 광장의 경계에 서다
- 실전 연습문제

一以貫之는 '논어'에 나오는 말로 '모든 것을 하나의 이치로 꿴다'는 뜻입니다.

논술의 주제와 문제 유형, 제시문들은 참으로 다양하고 가지각색입니다. 그러나 그 모든 것을 하나로 꿸 수 있습니다. '인간사회의 보편적 문제들에 대한 근원적인 물음에 답하는 자기 나름의 견해'라는 것이지요. 논술은 인간이면 누구나 부닥치는 개인적 또는 사회적 문제들에 대한 자기 나름의 고민이자 성찰입니다. 논술은 자기견해, 자기 가치관, 자기 삶에 대한 솔직한 고백입니다.

一以貫之 논술 연구모임은 '자신의 물음'과 '자신의 생각'을 갖고 '자신의 글'을 쓸 수 있도록 도와줍니다.

〈집필진〉
우한기, 이호곤, 박규현, 김법성, 김재년, 김병학, 도승활, 백일, 우효기, 조형진

햄릿, 밀실과 광장의 경계에 서다
―단 한 명의 '앵무새'도 죽지 않기를 바라며

들어가면서

　　지금까지 발표된 문학 작품 중 〈햄릿〉만큼 많이 평가된 작품은 아마 없을 것이다. 그리고 이 작품만큼 그 평가가 수많은 갈래로 나뉜 것도 드물 것이다. 흔히들 '햄릿형' 인간과 '돈키호테형' 인간을 나눈다. 햄릿형은, 무조건 덤벼들고 보는 돈키호테형과 달리, 결심을 했으면서도 계속되는 사색 속에서 실행을 미루는 사람을 일컫는다. 그러나 이것은 햄릿을 오해한 것일 뿐이다. 그가 머뭇거린 것은 아버지를 죽인 삼촌을 죽이는 것뿐이다. 그것을 제외하고 보면, 햄릿만큼 과단성 있는 사람도 드물다. 자기를 감시하는 폴로니어스나 로즌크랜츠와 길든스턴을 제거하는 장면에서는 앞뒤를 가리지 않는 모습을 보게 된다. 게다가 그는 온 국민에게서 사랑받는 왕자이기도 하다. 이런 성격과 성품을 보노라면, 도대체 그가 왜 아버지의 복수에서 그토록 머뭇거렸는지 의아스럽기조차 하다.

　　누구는 햄릿을 지나친 생각과 말들에 휘말려버린 인물로, 누구는 아버지의 복수라는 사명과 살인하지 말라는 기독교적 명령 사이에서 갈등하는 인물로, 누구는 우울증 환자로, 누구는 사적인 복수와 공적인 정의 사이에서 갈등하는 인물로, 누구는 정의를 가장한 악마적 인물로, 심지어 어떤 이는 오이디푸스 콤플렉스에 빠진 인물로 평가하기조차 한다. 그만큼 그의 성격과 행동은 가늠하기 힘들다. 어떤 때는 매사에 심사숙고하는 사색형 인간이다가 오필리아를 대하는 태도에서는 여성혐오주의자로, 그녀의 무덤에 뛰어드는 장면 같은 걸 보면 정말로 미친 사람으로 보이기도 한다. 게다가 사람을 죽이거나 죽게 하고서 아무렇지도 않게 여기는 장면에서는 냉혈한의 이미지로 다가온다. 이러다보니 〈햄릿〉은, 한 번은 읽지만, 여러 번은 읽고 싶지 않은 작품이 되기도 한다.

그러나 나는 이 작품이야말로 '인도와 셰익스피어를 맞바꾸지 않겠다'는 말을 낳은 위대한 작품이라고 여긴다. 인도 사람들이 들으면 참 기분 나쁜 이야기겠지만, 그만큼 대단하다는 뜻으로 이해한다면 그렇다는 말이다. 인간이 지을 수 있는 갖가지 모습을 전부 담았다고 해서가 아니다. 무엇이 이 뒤죽박죽인 삶을 만드는가를 이 작품만큼 잘 보여주는 것이 없기 때문이다. 그 뒤엉킨 생은 수많은 관계 중에서 단 하나의 관계, 즉 '아버지(망령)와 나'의 관계만을 선택하기로 한 자가 겪는 갈등과 모순들이다. 요컨대 이 작품은 주어진(또는 강요된) 정체성과 그 속에서 자기이고자 하는 개인 사이의 딜레마를 담고 있다.

이 작품의 매력은, 이런 중첩된 관계 때문에 생기는 정체성의 혼란이, 비단 햄릿에게만 국한되는 것이 아니라, 등장인물 모두에게 공통적으로 드러난다는 점이다. 그런 만큼 이 작품은 밀실과 광장의 딜레마를 살아가는 우리 현대인의 삶을 드러내는 것이기도 하다. 우리는 저마다 '나로서' 살아가기를 바라지만, 그러나 우리 삶은 원천적으로 '관계 속 삶'이다. 이 주어진 관계가 나이고자 하는 시도를 여지없이 꺾어버린다. 그리하여 우리는 '만들어진 나'에서 벗어나려고 발버둥치기도 하고, 아무리 발버둥쳐도 결코 벗어날 수 없는 현실에 절망하기도 한다. 그러다가 누구는 그냥 '만들어진 나'에 머물러버리고, 누구는 허무주의에 빠져 자기 생을 닫아버리고, 누구는 미치고, 누구는 자살하기도 한다. 그 와중에 내 삶과 남의 삶이 뒤엉키면서 종잡을 수 없는 삶이 되어버리는 것이다. 이게 우리네 삶의 모습이다. 이것을 인정하는 이라면 아마 햄릿의 뒤죽박죽인 삶을 내 삶의 가장 전형적인 모습으로 받아들일 수 있으리라.

그러나 셰익스피어는 그저 이런 뒤엉킨 삶을 드러내는 것에 머물지 않는다. 그는 나름대로 그 해결책까지 제시한다. 이것을 찾아내는 것이 곧 햄릿의 여정이다. 그것은 간단하게 '생과 사의 무한한 순환' 속의 '유한한 삶'으로 요약할 수 있다. 이것을 깨닫는 순간, 〈햄릿〉이 왜 그토록 위대한 작품으로 꼽히는지, 왜 반드시 읽어야 할 작품인지, 왜 두고두고 곱씹어야 할 작품인지 알 수 있을 것이다.

〈햄릿〉은 한 번 읽어서는 도무지 이해할 수 없는 작품이다.

반복해 읽으면서 그의 번민이 다가와야 비로소 본격적인 독서가 가능하다. 나아가 햄릿뿐만 아니라 등장인물들이 우리네 삶의 변주곡들임을 느끼면서 빠져들기 시작한다. 그것은 고달픈 일이지만, 그만큼 즐거운 일이기도 하다. 나는 등장인물 중 누구의 삶을 살고 있는지 생각해 볼 일이다.

삶, 주어진 관계

햄릿의 불행은 살해당한 아버지 햄릿의 유령을 만난 데서 비롯된다. 그 아버지 햄릿 유령은 아들 햄릿에게 명령한다. 자기를 죽인 동생, 아들 햄릿의 삼촌인 클로디어스를 죽여달라고. 이 명령을 받은 햄릿은 맹세한다.

철없을 때 보았던 모든 기록을 지우고, 당신의 명령 하나만을 이 기억의 노트 속에 남겨두리라. 그밖의 모든 부질없는 것들은 깨끗이 치우리라 — 진정으로, 하늘에 맹세코!… 이번엔 내 좌우명을 적자, '잘 있거라, 잘 있거라, 잘 있거라, 나를 기억해 다오.'

이로써 그의 삶은 아버지의 명령에 맡겨진 삶이 된다. 오직 그것만이 유일한 목표다. 여기서 우리는 '기억'이라는 낱말을 기억하자. 그 기억은 망각을 동반한다. 그가 맺었던 모든 관계를 망각하고 오직 아버지의 명령만을 기억해야 하는 삶. 이것이 햄릿의 운명을 결정했다. 그는 '나를 기억'하라는 아버

지의 명령을 받아들임으로써 기꺼이 망령의 감시를 수락한 것
이다. 그리고 이 '기억'이 남아 있는 한, 그것은 그의 정체성을
규정하는 결정적인 구실을 한다.

명령을 기억하겠다고 맹세한 그는 곧 이어서 "아, 저주받
은 운명이여. 세상을 바로잡기 위하여 내가 태어나다니."라고
한다. 그 운명은 그가 스스로 선택한 것이 아니다. 그것은 졸
지에 주어진 것이다. 망령을 만난 당시의 강렬함은 그로 하여
금 운명을 기꺼이 수락하게 한다("자, 오너라. 함께 가자."").
그러나 그것이 그 스스로의 선택이 아닌 한, 이후의 방황, '나
인 나'와 '주어진 나'의 갈등은 지속될 것이다. 그 선택의 필
연성은 나머지 모든 가능성을 봉쇄한다. 그 무엇도 '자기'로서
할 수 없는 상태가 된다. 햄릿이 이 불행에서 벗어나는 길은
둘 중 하나뿐이다. 명령에 곧장 순응하거나, 아니면 '기억'을
'망각'하거나. 그의 진정한 불행은 이 '기억', 강요된 관계 속
에서 끊임없이 '나됨'을 시도한 데 있다.

망령을 만날 당시 햄릿에게 주어진 현실의 관계는 뒤틀
린 관계다. 그에게 어머니는 숙모이기도 하다. 그의 숙부는 이
제 아버지다. '아버지-나'의 관계만 기억하기로 한 이상, 이
관계는 결코 용납할 수 없다. 그의 어머니를 향한 적개심은 바
로 이 현실에 대한 부정을 뜻한다. 이것은 이윽고 오필리아와
의 관계를 파괴하기에 이른다. 아버지 살해범인 새로운 왕 클
로디어스를 부정하는 그가 새 왕의 충신 폴로니어스를 긍정할

리 없고, 그러므로 오필리아와의 관계는 성립될 수 없다. 폴로니어스의 아들 레어티스와는 원수 사이가 된다. 클로디어스에게 복종하는 친구들 로즌크랜츠와 길든스턴 역시 마찬가지다. 이 작품에서 햄릿과 더불어 죽음에 이르는 인물들은 결국 이들이다. 이들은, 단 하나의 관계를 선택한 이상, 파괴되어야만 하는 관계인 것이다.

그러나 주어진 관계에 얽매인 이가 어디 햄릿뿐이겠는가. 인간은 모두 주어진 관계에서 정체성이 형성된다. 그리고 그것은 원천적으로 아버지와의 관계다. 오필리아는 아버지의 효성스런 딸이기에 햄릿이 보낸 편지를 아버지에게 보여주어 사랑을 스스로 깨뜨린다. 레어티스는, 햄릿과 마찬가지로, 아버지의 죽음을 복수하려는 욕망에 사로잡힌다. 아버지의 질서는 곧 가부장 질서다. 햄릿은 자유로운 신분이되, 신분 제도에서 결코 자유롭지 못하다. 폴로니어스는 이 질서의 수호자로서 질서에서 벗어나려는 햄릿을 끊임없이 감시한다. 로즌크랜츠와 길든스턴은 질서의 핵심인 엘시노 성에 소환되어 친구인 햄릿을 감시하는 역을 맡게 된다. 따라서 이 작품에서의 희생자들은 곧 가부장 질서의 희생자들이기도 하다.

관계에 규정당하는 사람들이 가장 크게 의식하는 것은 그 관계를 드러내는 외양이다. 이 작품에서는 주위의 평판과 의식(儀式)이 부각된다. 폴로니어스는 오필리아에게 이렇게 말한다.

너는 네 신분을 제대로 파악하지 못하고 있는 것 같구나. 내 딸로서의, 네 명예로서의 평판을 깊이 생각해야 되는 법이거든. 그래, 둘 사이는 어떤 관계냐? 이 아비에게 사실대로 모두 털어놓으려무나.

역시 신분, 딸, 아비라는 주어진 관계를 강조한다. 그리고 그것은 평판과 연관되어 있다. 평판에서 자유롭지 못하기는 햄릿도 마찬가지다. 그는 아무리 높은 덕망을 지닌 사람이라도 한 가지 결함 때문에 '세상의 지탄'을 받게 된다고 말한다. 그가 경계하는 것은 그 한 가지 결함이 아니라, 세상의 지탄이다. 그는 죽으면서도, 따라 죽으려는 호레이쇼를 말리면서, 살아남아 사건의 자초지종을 설명해 줄 것을 당부한다. 클로디어스가 햄릿을 직접 제거하지 못하는 이유도 국민들이 햄릿을 사랑하기 때문이다.

등장인물들의 행동을 결정짓는 것은, 그들의 내면적 의지나 욕망이 아니라 겉으로 드러나는 의식(儀式)의 부적절성이다. 햄릿이 어머니 거트루드에게 그토록 격분하는 것은, 물론 그녀가 아버지를 배신했다는 사실이겠지만, 무엇보다 아버지의 장례식이 끝난 지 두 달도 채 지나지 않아 혼례식을 올렸기 때문이다. 아버지의 망령은, 그가 살해당했다는 것보다는, 고해성사와 종부성사를 받지도 못한 채 죽었다는 것을 억울해한다. 레어티스는 동생 오필리아가 자살하는 바람에 장례의식을 제대로 치르지 못한 것과 아버지 폴로니어스가 성대한 장

례의식 없이 서둘러 매장된 데 분노한다. 맨 마지막의 햄릿의
장례의식 역시 기괴하긴 마찬가지다. 군인도 아닌 그가 군대
의식으로 장례를 치르기 때문이다.

이 작품은 우리네 삶이 원천적으로 주어진 관계에 따라
규정된 삶임을 곳곳에서 드러낸다. 그것은 숙명처럼 달라붙
어서 우리의 정체성을 형성한다. 비유하자면, 우리네 삶은 '광
장'에서 형성된 '관계 속 삶'인 것이다. 우리가 광장인(廣場人)
인 한, 우리의 의식과 행위는 광장을 의식하지 않을 수 없다.
어느 누구도 광장에 노출되지 않은 존재는 없다. 다만, 밀실을
추구하는 욕망의 크기가 다를 뿐이다. 우리의 햄릿은 그 욕망
이 워낙 컸기에 감시와 처벌의 대상이 되어버린 것이다. 오필
리아는 미쳐버렸고.

'나'이고자 하는, 좌절하는… — 감시와 처벌

그토록 주어진 삶의 무게가 짓누르지만, 햄릿은 끊임없이
'나'이고자 시도한다. 그는 '깨끗한 마음'을 갖고 있다. '귀족
적인 눈매, 군인다운 기량, 학자다운 언변'을 지녔고, '유행의
거울, 예절의 모범, 모든 사람들의 찬양의 표적이었던 분'이다.
그는 신하인 호레이쇼에게도 남다르게 접근한다.

한결같은 전하의 충복이지요.
여보게, 우린 친구 사이 아닌가. 그런 말 말게.

…

전하를 위해 의무를 다하겠습니다.
의무가 아니라 우정일세.

　그가 원하는 것은 광장의 무게가 아니라, 밀실의 친밀감이다. 그가 맺고 싶은 관계 역시 공적이기보다는 사적인 것이다. 햄릿이 추구하는 삶은 내면과 겉이 일치하는 삶이다. 그가 어머니와 나누는 대화를 보자. 어머니 거트루드는 햄릿이 부왕의 죽음에 낙심하는 것을 보고 이렇게 묻는다. "그렇다면 왜 너에게만 특별한 것인 양 보이느냐?" 햄릿의 대답은 이렇다. "보인다구요, 왕비님? 보이는 게 아니라 사실입니다." 그녀는 남편의 죽음을 상복을 입어 형식적으로만 애도한다. 슬퍼 보일 뿐 진실로 슬퍼하는 건 아니다. 그러니 아버지가 죽자마자 딴 남자에게 달려간 것 아니겠는가. 그런 어머니라면 더 이상 어머니일 수 없다. '왕비'일 뿐이다.

　아버지의 죽음을 절통해 하는 햄릿에게 어머니와 삼촌은, 그 죽음은 '모든 사람은 죽는다'는 자연의 이치일 뿐이라고 설교한다. 그 죽음은 보편적이면서 필연적인 것이다. 그러니 지나치게 슬퍼하는 것은 '비이성적'인 짓이라는 것이다. 그러나 내면성을 중시하는 햄릿에게 아버지의 죽음은 개별적이면서 우연한 사건이다. 모두에게 일어나는 사건이 아니라, 하필 그에게 일어난 단 하나의 사건인 것이다. 햄릿은 사적인 관계를 중요시하는 인물이기 때문이다. 이런 햄릿이 바라는 세상은 이렇다.

왕의 역을 맡는 자는 대환영이다. 그는 나의 푸짐한 보상을 받게 될 것이다. 방랑하는 기사 역들은 창과 방패를 충분히 쓰도록 해주겠다. 연인들도 부질없이 한숨짓게 내버려두지는 않을 것이다. 남을 실컷 풍자해대는 심술쟁이도 방해받지 않고 무대에 설 수 있도록 해줄 것이며, 광대에게는 걸핏하면 웃음을 터뜨리는 관객들을 안겨줄 것이다. 숙녀 역은 멋대로 수다를 떨도록 내버려두겠다. 대사의 흐름이 중단되지 않도록 말이다.

이처럼 저마다 자기 삶을 살더라도 방해받지 않는 질서야말로 햄릿이 꿈꾸는 질서다. 당연히 햄릿 자신도 자기다운 삶을 살기를 바란다. 그러나 세상은 이런 햄릿을 예사로운 눈으로 보지 않는다. 모든 것이 세상의 이치, 즉 주어진 관계에 따라 돌아가기를 바라는 이에게, 내면의 자기를 추구하는 자는 위험하다. 클로디어스의 말을 들어보라.

무언가가 마음속 깊은 곳에 도사리고 있어, 그의 우울증이 그것을 꼭 품고 있단 말이야. 이윽고 그것이 껍질을 깨고 밖으로 튀어나오면 어떤 위험이 닥칠는지 알 수 없지.

그리하여 햄릿은 감시의 대상이 된다. 그 감시의 총책임을 맡은 이가 오필리아의 아버지인 폴로니어스다. 그는 이렇게 생각하는 자다.

도대체 왕권이란 무엇이며 신하의 의무는 무엇인지, 또한 무엇 때문에 낮은 낮이며 밤은 밤, 시간은 시간이냐고 따지는 일은 밤과 낮과 시간의 낭비일 뿐입니다.

따라서 이 당연한 질서에서 조금이라도 이탈할 가능성이 있는 그 무엇도 용납하지 않는다. 그는 아들 레어티스를 감시하러 하인을 몰래 보내고, 딸이 햄릿을 사랑하는 것도 질서를 어기는 것이라 여겨 포기시킨다. 그는 사랑하는 딸 오필리아를, 햄릿을 감시하기 위한 미끼로 사용하기까지 한다.

폴로니어스의 감시는 내면을 파고드는 보이지 않는 비수가 되어 상대를 해친다. 그 최대의 희생자가, 다름 아닌, 자기가 가장 사랑하는 딸이었음은 예사롭지 않다. 그는 햄릿이 오필리아에게 보낸 편지를 빼앗아 왕과 왕비 앞에서 공공연히 읽는다. 이것은 은밀한 사적 관계를 침탈한 행위다. 이로써 오필리아는 아버지의 질서에게 정신적 강간을 당한 것이다. 이후 햄릿의 내면을 파헤치기 위한 미끼로 동원되기까지 하는 오필리아를 햄릿이 경멸하게 된 것은 어찌 보면 당연하다 하겠다.

햄릿이 보기에 오필리아는 아버지의 질서에 정조를 팔아넘긴 여인이다. 따라서 그녀와 어머니는 똑같은 부류일 뿐이다. 이것이 햄릿으로 하여금 여인을 믿지 못하게 만든 요인이다. 그는 딸을 미끼로 삼은 폴로니어스를, 딸을 팔아넘긴 히브리의 재판관 애프타와 같은 인간으로 취급한다. 2막 2장에서 햄릿은 폴로니어스를 '생선장수'라 부른다. 생선장수가 구더기를 미끼로 생선을 낚듯이, 폴로니어스가 딸을 미끼로 자신의 내면을 낚아 잡아먹으려 하기 때문이다.

아버지에게 이용당하는 '효성스런' 딸 오필리아는 마침내 햄릿에게 버림받는다. 이것은 결코 미치광이 흉내를 내는 햄릿의 연극이 아니다. 정말로 버림받은 것이다. 최고의 효성이 사랑을 파괴해 버린 것이다. 이후 폴로니어스는 햄릿과 어머니의 내밀한 만남을 감시하다가 햄릿에게 살해된다. 유일한 남자인 아버지마저 죽게 되자 결국 오필리아는 미치게 된다. 그것은 어쩌면 햄릿이 걸어야 할 길이었을지도 모른다. 이렇게 미쳐버린 오필리아의 대사는, 억눌린 욕망이 분출된 것이다.

내일은 발렌타인 명절.
아침 일찍 일어나서
이 소녀가 당신의 창가에 서면
나는 당신의 연인.
남자는 일어나 옷을 입고

방문을 열고 소녀를 들여보냈지만,

들어갔다 나오는

소녀는 이미 처녀가 아니었더라.

　그녀는 멀쩡한 정신에서는 결코 내뱉지 못한 말, 그러나 진실로 햄릿의 여인이고자 했던 좌절된 욕망을 미쳐서야 비로소 발산하고 있는 것이다. 그러고서는 강물에 몸을 던져 자살한다. 이 설정은 실로 의미심장하다. 햄릿이 폴로니어스더러 딸을 미끼로 삼은 생선장수라고 한 말이 예언이 된 꼴 아닌가. 이렇게 스스로를 미끼로 내던진 오필리아는 자신을 희생시킨 모두를 낚아 올린다. 햄릿, 레어티스, 클로디어스, 거트루드, 로즌크랜츠, 길든스턴이 줄줄이 그 미끼에 물린 고기 신세 모양으로 죽음의 대열을 이룬다. 오필리아를 죽음으로 몰아간 질서는, 이리하여 무너졌다. 아니, 무너져야 한다고 작가는 외친다.

　감시의 대상이 된 햄릿은 내면을 감추기 위해 '미친 척' 하기로 한다. 연극을 통해 내면을 감추려 하는 것이다. 그러나 연극이 감추는 수단인 것만은 아니다. 그것은 감추면서 오히려 무언가가 내면에 도사리고 있음을 알리는 구실도 된다. 따라서 연극은 감추면서 드러내기다. 미친 연기를 하고자 한 햄릿은 오히려 더더욱 감시자를 자극한다. 그러면 그럴수록 감시자는 더 조급해지고, 더 집요해진다. 로즌크랜츠와 길든스턴은 그래서 소환된 것이다.

그러나 햄릿만이 일방적으로 감시당하는 것은 아니다. 감시자 역시 감시당한다. 햄릿은 연극으로 클로디어스의 본심을 알아내려고 한다. 다시 한 번 연극은 감추면서 드러내기다. 햄릿이 연극을 일컬어 '자연을 거울에 비추어' '시대의 본질을 생생하게 나타내는 일'이라고 한 것은, 연극으로 클로디어스의 내면을 생생하게 나타내겠다는 다짐이기도 하다. 이후 햄릿의 의도대로 클로디어스의 내면은 노출되고 만다. 햄릿이 어머니 거트루드를 거울에 비추는 장면 역시 그렇다.

거울로 어머니의 마음속 깊은 곳까지 환히 비쳐 보여드릴 테니 꼼짝 말고 계세요.
…
아, 햄릿, 그만해라. 너의 말은 내 마음속 깊은 곳을 들여다보게 하누나. 내 마음속에 스며든 시커멓고 무성한 오점을 씻을 길이 없구나.

삶이 연극이라면, 우리네 삶은 무언가를 감추면서 드러냄이다. 우리가 뭔가를 품고자 하면 할수록 우리의 말과 행동은 내가 뭔가를 품었음을 끊임없이 노출한다. 질서는 그 내면을 드러내려고 끊임없이 감시한다. 피하려 하면 할수록 감시의 눈길은 더욱 집요해진다. 더구나 햄릿처럼 감시 대상인 주제에 감시자를 감시하려는 자, 감시를 거부하는 자는 이제 처벌의 대상이 된다. 햄릿이 거울 뒤에서 자기를 바라보는 폴로니어스를 찌른 대목은 바로 그가 감시를 거부한 것을 상징하는 행위다. 그가 찌른 것은 바로 자기 내면을 비추려는 그 거울이었다!

이제 클로디어스의 감시와 햄릿의 감시는 끝났다. 서로가 서로의 유죄를 알아냈다. 이제 남은 것은 처벌뿐이다. 누가 먼저 처벌하느냐. '양쪽 계획이 동일선상에서 정면충돌'하는 꼴이다. 결과는, 다 알다시피, 서로의 죽음이다. 이리하여 감시와 처벌의 거대한 연극은 막을 내렸다.

To be or not to be

이 작품의 최대 화두는 햄릿의 바로 이 독백이다. 이것을 어떻게 해석하느냐에 따라 작품의 이해가 판이하게 달라진다. 이해에 도움을 얻기 위해 이후에 이어지는 대사를 보자.

참혹한 운명의 화살을 맞고 마음속으로 참아야 하느냐. 아니면 성난 파도처럼 밀려오는 고난과 맞서 용감히 싸워 그것을 물리쳐야 하느냐. 어느 쪽이 더 고귀한 일일까. 남은 것이 오로지 잠자는 일뿐이라면 죽는다는 것은 잠드는 것. 잠들면서 시름을 잊을 수 있다면, 잠들면서 수만 가지 인간의 숙명적인 고통을 잊을 수 있다면 그것이야말로 우리가 진심으로 바라는 최상의 것이로다. 죽는 것은 잠드는 것… 아마도 꿈을 꾸겠지. 아, 그것이 괴롭다. 이 세상 온갖 번민으로부터 벗어나 잠 속에서 어떤 꿈을 꿀 것인가를 생각하면 망설여진다. 이 같은 망설임이 있기에 비참한 인생을 지루하게 살아가는 것인가. 그렇지 않으면 이 세상의 채찍과 조롱을, 무도한 폭군의 거동을, 우쭐대는 꼴불견들의 치욕을, 버림받은 사랑의 아픔을, 재판의 지연을, 관리들의 불손을, 선의의 인간들이 불한당들로부터 받고 견디는 수많은 모욕을 어찌 참아나갈 수 있단 말인가. 한 자루의 단검으로 찌르기만 하면 이 세상으로부터 벗어날 수 있을진대, 어찌 참아나가야 한단 말인가. 생활의 고통에 시달리며 땀범벅이 되어 신음하면서도, 사후의 한 가닥 불안 때문에, 죽음의 경지를 넘어서 돌아온 이가 한 사람도 없기 때문에, 그 미지의 세계에 대한 불안 때문에 우리들의 결심은 흐려지고, 이 세상을 떠나 또 다른 미지의 고통을 받기보다는 이 세상에 남아서 현재의 고통을 참고 견디려 한다. 사리분별이 우리들을 겁쟁이로 만드는구나. 이글이글 타오르는 타고난 결단력이 망설임으로 창백해지고, 침울해진 탓으로 마냥 녹슬어버린다. 의미심장한 대사업도 이 때문에 샛길로 잘못 들고 실천의 힘을 잃게 된다.

질문의 처음은 '운명을 참을 것인가, 싸워 물리칠 것인가'다. 참는 것은 문제다. 운명에 굴복해 '나다운 삶'을 포기하는 것이니까. 햄릿 자신은 싸워 물리치는 것을 선택하고 싶다. 그러나 여기서 문제가 생긴다. 도대체 그에게 던져진 '참혹한 운명'이 뭔가? 아버지를 살해한 숙부와 그와 결혼한 어머니, 이

것인가? 사실 그것은 별로 참혹한 게 아니다. 왜냐? 복수를 감행하면 그뿐이니까. 문제는 또 하나의 운명이 그에게 주어졌다는 것이다. '복수하라'는 운명 같은 명령이 그것이다. 왜 하필이면 내가 이 세상을 바로잡기 위해 그 일을 해야 한단 말인가! 그리고 그 일을 했을 때 내 사후는 도대체 어떻게 된단 말인가? 그렇지만 이 운명과 싸워 물리치는 것은 햄릿으로서는 도저히 할 수 없는 일이다. 이리하여 그는 이러지도 저러지도 못하는 상황에 처하고 말았다.

이제 질문은 두 번째로 넘어간다. 죽는다는 건 또 어떤 건가? 죽음으로써 모든 것이 끝난다면 기꺼이 죽겠다. 그러나 죽음 이후가 또 문제다. 죽음 이후에 도대체 무엇이 기다리고 있는지 알 수가 없다. 아버지 망령은 이미 죽음 이후의 세계가 무시무시하다는 것을 암시해 줬다. 그토록 복수를 바라는 아버지는 아들에게조차 지옥의 고통을 안겨주려는 것 아닌가! 살인한 자가 천국에 오르는 것은 불가능할 텐데, 아버지는 그것을 아들에게 요구한 것이다. 이러니 더더욱 아버지의 명령을 따르기가 곤란하다. 이제 죽을 수도 없는 노릇이 됐다.

이러다보니 그는 끊임없이 망설이게 된다. 이런저런 판단을 없애버리면, 간단하게 아버지의 복수를 할 수 있을 것이다. 그러나 그는 사리분별을 할 줄 아는 사람이다. 이렇게 따지고 들수록 그는 겁쟁이가 되고 만다. 비참한 인생을 지루하게 살아가는 것이다. 무의미한 삶. 이것은 부조리다. 의미 있는 생을 살고자 한다면 주어진 운명을 거스를 줄 알아야 하는데, 그 것은 불가피하게 내 영혼을 알 수 없는 상태로 내모는 꼴이 되니 말이다. 그렇다고 운명을 따르자니 그것은 자기를 잃어버린 삶, 살아도 죽은 것이 되는 꼴이다.

이런 복합적인 의미를 담은 대사인 만큼 '사느냐, 죽느냐'로도, '하느냐, 마느냐'로도, '그런 건가, 아닌 건가'로도 해석할 수 있다. 중요한 것은 햄릿이 이처럼 삶의 부조리를 응시하고 있다는 점이다. 이러지도 저러지도 못하는 부조리한 삶을 의식한다는 것, 이것이 그의 절망이자 그의 가능성이다. 한치 앞을 내다보지 못하는 캄캄한 어둠 속에서 똑바로 보려고 기를 쓰고 있다는 것이다. 바로 이 노력, 분투, 저항이야말로 그의 삶이 '의미 있는' 삶임을 보여준다. 그리고 이런 열정이야말로 그가 어디에도 얽매이지 않는 자유로운 영혼의 소유자임을 보장한다. 이윽고 그는 자신이 던진 질문에 대한 대답을 얻을 것이다.

문제의 해결책은 어디에 있는가? 그것은 생과 사의 분별 너머에서 찾아야 한다. 분별이 망설임을 낳는다는 말은 이래서 주목할 필요가 있다. 생이 곧 사이고 사가 곧 생이라는 발상이 이후 지속적으로 이어지는 건 거기에 해결책이 있기 때문이다. 생사의 분별을 넘어서는 그곳에서 진정한 나다움이 실현되는 것이다.

생과 사의 영원한 순환

이 작품에서 우리는 무한한 순환과 회귀를 만날 수 있다. 아버지 햄릿이 포틴브라스 왕을 물리쳤고, 그는 동생에게 죽임을 당한다. 마땅히 아들 햄릿이 왕위를 물려받아야 하지만, 결국 그 왕위는 그가 물리쳤던 포틴브라스의 아들 포틴브라스가 물려받게 된다. 햄릿이 이겼지만 왕위는 포틴브라스가 차지한 것이다. 한 번의 승리는 영원한 승리가 될 수 없다. 돌고 도는 것이다.

그가 폴로니어스를 죽이고 나서 왕과 나누는 대화를 보자.

햄릿, 폴로니어스는 어디 있느냐?

저녁식사중입니다.

식사중이라? 어디서?

먹고 있는 중이 아니라 먹히고 있는 중입니다.…

왕을 뜯어 먹은 구더기를 미끼로 물고기를 낚아, 그 구더기를 먹은 생선을 잡아 처먹는 인간이 있을 수 있다는 겁니다.

그건 도대체 무슨 소리냐?

말하자면 왕께서 거지 뱃속을 순행하시는 경우도 있다는 겁니다.

왕과 구더기와 생선과 거지는 이렇게 연결되는 것이다. 이렇게 생사는 돌고 도는 무한한 관계다. 이 작품에서 우리가 정말 눈여겨봐야 할 것은 5막 1장의 묘지 장면이다. 여기서 묘지 파는 인부로 나오는 광대의 대사는 압권이다.

석수장이나 조선공이나 목수보다도 물건을 더 튼튼하게 만들 수 있는 사람이 누구냐, 그 말씀이지?

대답해 보게. 그러고 나서 한숨 돌리자구.

알겠네.

말해봐.

모르겠는 걸.

더 이상 머리를 쥐어짜는 짓은 그만두게. … 다음에 누가 묻거든 '무덤 파는 사람'이라고 대답하라구. 그가 만드는 집은 이 세상 끝나는 날까지 견디니까.…

생과 사의 순환은 영원히, 세상 끝나는 날까지 지속된다. 그러므로 이것이야말로 가장 튼튼한 사실이다. 나머지 모든 것은 이 사실 앞에서 무력해질 수밖에 없다. 햄릿이 광대에게 언제부터 묘지 파기를 시작했냐고 묻자, 그는 이렇게 대답한다.

소생이 이 일을 시작한 것은 바로 선대 햄릿 왕께서 포틴브라스를 무찌르시던 날이었지요. 바로 햄릿 왕자님께서 탄생하시던 날이었죠.

그렇다. 탄생은 죽음과 더불어 있다. 죽음과 삶은 이렇게 영원히 반복되는 것이다. 이 무한한 반복 앞에서 삶의 영광은 얼마나 무기력한가.

> 황제 시저도 죽어 흙이 되어
> 벽의 구멍 막는 바람막이 되었을지 몰라
> 아, 한때 세상을 호령하던 그 흙이
> 모진 겨울바람 막는 흙담이 되다니!

이런 거다, 삶이란. 무한한 생사의 순환 속에서 유한한 생들이 잠시 등장했다 이내 스러지는 것이다. 그렇다면 우리는 허무주의에 빠질 것인가? 이러나저러나 별 볼 일 없는 인생이니까. 그러나 이 허무주의가 비관으로만 이어질 까닭은 없다. 오히려 그렇게 무한한 순환이 내 힘으로는 어쩔 수 없는 것이기에, 아예 그것을 걱정할 이유가 없지 않은가! 내가 어찌할 수 없는 일은 하느님에게 맡기면 그뿐이다. 나는, 내가 개입할 수 있는 내 삶에 충실하면 그뿐이다. 그 결과가 어찌됐든 그것은 신이 알아서 할 일이다. 이로써 영혼의 자유, 어디에도 얽매이지 않는 무위자연의 삶을 누릴 수 있다. 이렇게 삶은 의미를 회복한다. "마음이 가난한 자는 복이 있나니…."

무한(無限)에서 노니는 유한(有限) – 밀실과 광장의 소통

햄릿은 스스로 어떤 인간이기를 바랄까? 그가 호레이쇼에게 하는 말로 짐작할 수 있다.

감정과 이성이 조화를 이루고 있어 운명의 손끝이 희롱하는 대로 소리를 내지 않아도 되는 피리—그런 사람은 행복한 사람이야. 격정의 노예가 되지 않는 그런 사람이 나에게는 필요하네.

햄릿이 로즌크랜츠와 길든스턴에게 분노하는 까닭은, 그들이 운명의 농간에 기꺼이 편승하면서, 자기를 마음껏 불 수 있는 피리 취급하기 때문이다. 햄릿과 그들의 대화를 보자.

아, 반가운 친구들이여! 재미 좋은가, 길든스턴? 아, 로즌크랜츠! 둘 다 어떻게들 지내고 있나?

그럭저럭 잘 지내고 있습니다.

지나치게 행복하지 않은 것이 행복이란 말씀입니다. 행운의 절정에 올라 있는 것은 아니고요.

행운의 밑바닥에 있는 것도 아니지?

전하, 어느 쪽도 아닙니다.

그러면 중간쯤에 처져 있단 말이군. 혹시 여신의 가장 소중한 곳 한가운데쯤인가?

은밀한 곳에서 행운의 여신을 섬기는, 정녕 총애받는 충복들이죠.
여신의 허리춤 은밀한 곳 말이지? 아, 정말이지 그 여신은 화냥
년이야.

햄릿이 경멸하는 여신은 다름 아닌 운명의 여신이다. 그
여신이 인간을 품어 피리처럼 농락하기 때문이다. 그래서 이
후 연극 대사 속에서 '꺼져라, 꺼져라, 너 창녀 같은 운명의 여
신이여!'라 부르짖는 것이다. 햄릿은 정녕 굴레 같은 운명의
광장에서 자신의 밀실을 마련하고 싶어한다. 그것은 어떻게
가능할 것인가?
　햄릿이 나름대로의 정답을 찾은 것은 영국으로 죽으러 가
던 도중 선실에서 되돌아오면서다. 마치 구약 성서의 요나가
고래 뱃속에서 되살아난 것처럼, 예수가 동굴 무덤에서 되살
아난 것처럼, 햄릿도 그렇게 '거듭남'의 체험을 한 것이다. 괴
테의 말마따나 이것은 '죽고 되기'다. 죽고 된 자는 지금까지
걸쳤던 모든 허위의 가면을 벗어던진다. 이제 그는 더 이상 연
극을 하지 않는다. '맨몸으로!', 진정한 나로 산다. 이렇게 거
듭난 자는 이제 더 이상 운명의 굴레에 갇히지 않는다. 삶과
죽음이라는 운명 자체를 넘어서는 것이다. 삶과 죽음이 내 뜻
대로 되는 것이 아님을 깨닫자, 때의 흐름에 순순히 따라나서
는 삶, 운명의 흐름 속에서 나다움을 잃지 않는 자연스러운 삶,
지나친 격정도 지나친 소심함도 없는 무위자연의 삶이 가능해

지는 것이다.

　내 마음속에서 반란이 일고 있었네. 그 일 때문에 밤잠을 설치고 있었지. 반란죄로 붙잡혀 발목에 형틀을 차고 있는 선원들보다 더 비참한 심정이었어. 그런데 갑자기 분별심이 없어졌네. 하기야 이 경우에는 무모한 행동이 가상한 일이 되었지만 말이네. 때로는 깊게 다진 음모가 수포로 돌아갈 때, 무모한 행동이 오히려 우리에게 도움이 되는 수가 있거든. 그러니 우리 인간들이 아무리 엉성하게 일을 꾸며놓아도, 그것을 완전하게 다듬고 완성하는 것은 하느님의 뜻이라는 걸 알 수 있지.

　'분별심이 없어졌다'는 대사에 주목하자. 이것은 앞서 '사느냐, 죽느냐'의 독백에 나온 '사리분별이 망설임을 낳는다'는 말과 대조적이다. 죽음의 체험을 통해 햄릿은, 살고 죽는 문제는 하느님의 뜻이라는 것, 따라서 인간이 그것을 걱정할 이유가 없다는 것을 깨달은 것이다("이 천지간에는 우리들의 학식으론 도저히 해결할 수 없는 일들이 많아.") 아무리 고민해도 해결책을 찾을 수 없는 것에 더 이상 연연할 필요가 없다. 우리는 그저 내가 원하는 바에 따라 묵묵히 해나가면 그뿐인 것이다.

　참새 한 마리 떨어지는 것도 하느님의 뜻이 아닌가. 죽음이 지금 닥친다면 후에는 찾아오지 않을 테고, 후에 닥쳐오지 않을 거라면 지금 오는 법이 아니겠는가. 지금이 아니더라도 언젠가는 오고 말 것이네. 평소 마음의 준비가 제일이지. The readiness is all. 언제 목숨을 버려야 하는지에 대해서는 아무도 알 수 없는 일이니 만사 될 대로 되라는 심정뿐이네.

그렇다. 중요한 것은 마음의 준비다. 죽음 앞에서도 담담하게 그것을 받아들일 수 있는 상태가 되는 것이다. 죽고 되기의 효과는 바로 이러한 변신이다. 담담하게 삶의 현장, 광장으로, 나로서, 나답게, 나아가는 것이다. 이럴 때 밀실과 광장은 더 이상 서로를 배신하지 않는다. 그러자 그는 기꺼이 레어티스에게 나아가 과거의 잘못을 사과한다. 감춤과 드러남의 괴리가, 이로써 사라진다. 그 내면의 드러냄이 이윽고 레어티스의 사과를 이끌었다. 죽음의 의식 앞에서 내면이 소통하는 광장을 마련한 것이다. 이윽고 다가온 죽음.

이젠 침묵뿐이로구나. The rest is silence.

그 수많은 회의와 생각과 격정은 이렇게 조용히 막을 내렸다. 그 이후는? 죽음 이후의 꿈은? 그토록 햄릿을 괴롭히던 사후 세계는 어쩔 것인가? 그러나 그것은 내가 어찌할 수 있는 영역이 아니다. 하느님의 몫은 하느님께로!

〈문제〉 다음 제시문을 읽고, 각 제시문이 말하는 운명과 삶의 관계를 설명하고, 자신이 생각하는 바람직한 삶을 논술하시오.

(1) 당신의 말이 진정임을 나는 의심치 않소. 그러나 이 세상에서는 마음에 정한 일도 깨질 수 있는 법. 뜻을 세웠다 할지라도 기억할 수 있는 동안에만 가능한 법이오. 그것이 태어나는 힘은 굳세지만 자라는 힘은 더디다오. 푸른 과일이 설익었을 때에는 가지에 매달려 떨어지지 않으려고 발버둥치지만, 익으면 저절로 떨어지는 것과 같소. 우리는 종종 스스로 자기 자신의 마음에 진 부채를 잊어버리는 수도 있소. 격정에 사로잡혀 행한 맹세가 식을 때 그 뜻도 함께 꺼져가는 것은 당연한 일이오. 슬픔이건 기쁨이건, 그 격정이 꺼질 때 세운 뜻도 함께 사라지는 법. 기쁨이 극에 달하면 슬픔 또한 극에 달하여, 슬픔은 금세 기쁨으로 변하고, 기쁨은 곧 슬픔이 된다오. 이 세상만사 변하게 마련, 우리의 사랑이 운명의 변화와 더불어 변한들 무엇이 이상하겠소? 사랑과 운명, 이 가운데 어느 것이 더 강한가는 아직도 우리가 풀지 못한 문제라오. 위대한 인간도 일단 몰락하면 그를 아끼는 이들조차 그를 버리고, 미천

한 자가 출세하면 원수도 친구가 되게 마련이오. 이것이 바로
인간의 사랑이 운명에 복종하는 좋은 증거라오. 부유한 자는
친구에 부족함이 없지만, 가난한 자는 자칫 친구의 마음을 시
험하려다가 금세 무서운 적으로 만드는 법. … 인간의 뜻과 운
명은 서로 어긋나는 것이므로 계획은 언제나 무너지게 마련이
며, 내세운 뜻은 갸륵하지만 결과가 뜻밖의 것이 되기는 쉬운
일. 두 번째 결혼을 마다하는 당신도 내가 죽으면 생각이 변할
것이오.(3.2)

(2) 사느냐, 죽느냐, 이것이 문제로다. 참혹한 운명의 화살을
맞고 마음속으로 참아야 하느냐. 아니면 성난 파도처럼 밀려
오는 고난과 맞서 용감히 싸워 그것을 물리쳐야 하느냐. 어느
쪽이 더 고귀한 일일까. 남은 것이 오로지 잠자는 일뿐이라면
죽는다는 것은 잠드는 것. 잠들면서 시름을 잊을 수 있다면,
잠들면서 수만 가지 인간의 숙명적인 고통을 잊을 수 있다면
그것이야말로 우리가 진심으로 바라는 최상의 것이로다. 죽
는 것은 잠드는 것… 아마도 꿈을 꾸겠지. 아, 그것이 괴롭다.
이 세상 온갖 번민으로부터 벗어나 잠 속에서 어떤 꿈을 꿀
것인가를 생각하면 망설여진다. 이 같은 망설임이 있기에 비
참한 인생을 지루하게 살아가는 것인가. 그렇지 않으면 이 세
상의 채찍과 조롱을, 무도한 폭군의 거동을, 우쭐대는 꼴불견
들의 치욕을, 버림받은 사랑의 아픔을, 재판의 지연을, 관리들

의 불손을, 선의의 인간들이 불한당들로부터 받고 견디는 수 많은 모욕을 어찌 참아나갈 수 있단 말인가. 한 자루의 단검으로 찌르기만 하면 이 세상으로부터 벗어날 수 있을진대, 어찌 참아나가야 한단 말인가. 생활의 고통에 시달리며 땀범벅이 되어 신음하면서도, 사후의 한 가닥 불안 때문에, 죽음의 경지를 넘어서 돌아온 이가 한 사람도 없기 때문에, 그 미지의 세계에 대한 불안 때문에 우리들의 결심은 흐려지고, 이 세상을 떠나 또 다른 미지의 고통을 받기보다는 이 세상에 남아서 현재의 고통을 참고 견디려 한다. 사리분별이 우리들을 겁쟁이로 만드는구나. 이글이글 타오르는 타고난 결단력이 망설임으로 창백해지고, 침울해진 탓으로 마냥 녹슬어버린다. 의미심장한 대사업도 이 때문에 샛길로 잘못 들고 실천의 힘을 잃게 된다.(3.1)

(3) 햄릿, 폴로니어스는 어디 있느냐?

저녁식사중입니다.

식사중이라? 어디서?

먹고 있는 중이 아니라 먹히고 있는 중입니다. 구더기 같은 정치가들이 무슨 집회를 갖고 그 늙은이를 잡숫고 있는 중이지요. 구더기란 먹는 일에는 제왕이거든요. 우리가 다른 동물들을 살찌우는 것은 우리 자신을 살찌우기 위해서죠. 우리 자신을 살찌우는 것은 바로 구더기를 위해섭니다. 살찐 왕이

나 야윈 거지나, 맛은 서로 다른 요리지만 둘 다 같은 식탁에 오르지요. 그것으로 마지막이랍니다.

아, 저런, 저런.

왕을 뜯어 먹은 구더기를 미끼로 물고기를 낚아, 그 구더기를 먹은 생선을 잡아 처먹는 인간은 있을 수 있다는 겁니다.

그건 도대체 무슨 소리냐.

말하자면 왕께서 거지 뱃속을 순행하시는 경우도 있다는 겁니다.(4.3)

(4-1) 내 마음 속에서 반란이 일고 있었네. 그 일 때문에 밤잠을 설치고 있었지. 반란죄로 붙잡혀 발목에 형틀을 차고 있는 선원들보다 더 비참한 심정이었어. 그런데 갑자기 분별심이 없어졌네. 하기야 이 경우에는 무모한 행동이 가상한 일이 되었지만 말이네. 때로는 깊게 다진 음모가 수포로 돌아갈 때, 무모한 행동이 오히려 우리에게 도움이 되는 수가 있거든. 그러니 우리 인간들이 아무리 엉성하게 일을 꾸며놓아도, 그것을 완전하게 다듬고 완성하는 것은 하느님의 뜻이라는 걸 알 수 있지.(5.2)

(4-2) 참새 한 마리 떨어지는 것도 하느님의 뜻이 아닌가. 죽음이 지금 닥친다면 후에는 찾아오지 않을 테고, 후에 닥쳐오지 않을 거라면 지금 오는 법이 아니겠는가. 지금이 아니더

라도 언젠가는 오고 말 것이네. 평소 마음의 준비가 제일이지. The readiness is all. 언제 목숨을 버려야 하는지에 대해서는 아무도 알 수 없는 일이니 만사 될 대로 되라는 심정뿐이네.(5.2)

다락원 명작노트 **023**

햄릿

펴낸이 정효섭
펴낸곳 (주)다락원

초판 1쇄 인쇄 2007년 1월 29일
초판 1쇄 발행 2007년 2월 5일

책임편집 안창열, 김지영
디자인 손혜정, 박은진
번역 황의방
삽화 손창복

다락원 경기도 파주시 교하읍 문발리 509-1
Tel:(02)736-2031 Fax:(02)732-2037
(내용문의: 내선 520/구입문의: 내선 113~114)
출판등록 1977년 9월 16일 제300-1977-23호

Copyright ⓒ 2007, 다락원

출판사의 허락 없이 이 책의 일부 또는 전부를
무단 복제·전재·발췌할 수 없습니다.
잘못된 책은 바꿔 드립니다.

값 8,500원

ISBN 978-89-5995-138-3 13740